ÄGYPTOLOGISCHE ABHANDLUNGEN

HERAUSGEGEBEN VON WOLFGANG HELCK

BAND 43

SÄRGE DES MITTLEREN REICHES
AUS DER EHEMALIGEN SAMMLUNG
KHASHABA

VON
GÜNTHER LAPP

IN ZUSAMMENARBEIT MIT
C. MÜLLER-WINKLER, M. SCHNEIDER, B. LÜSCHER

1985
OTTO HARRASSOWITZ · WIESBADEN

SÄRGE DES MITTLEREN REICHES AUS DER EHEMALIGEN SAMMLUNG KHASHABA

VON
GÜNTHER LAPP

IN ZUSAMMENARBEIT MIT
C. MÜLLER-WINKLER, M. SCHNEIDER, B. LÜSCHER

1985
Otto Harrassowitz · Wiesbaden

Korrigenda zu: Lapp, Günther. Särge des Mittleren Reiches aus der ehemaligen Sammlung Khashaba

S.2f.: Vom Sarg des *Snbj* habe ich nur einige wenige Notizen machen können, die zu einer Veröffentlichung nicht ausreichten. Er ist von Kamal (ASAE 11,1911, S.31f.) veröffentlicht.
S.7 Zeile 8f.: Lies "Die vier Aussenseiten" statt "Die Innenseiten der Längswände".
S.15 Zeile 14: Lies "(T.29 Das Augenpaar)" statt "(T.29 Die Farbgebung)".
S.17 und T.7: Lies "sp.390" statt "sp.290".
T.15: In Nr.6 ist die Schraffur für die blaue Farbe entsprechend Nr.5 zu ergänzen.
T.35-7 im Titel: Verbessere "*Hnnjt*" in "*Ḥnnjt*".
T.39 im Titel: Verbessere "*Rhw-r-3w.sn*" in "*Rḫw-r-3w.sn*".

CIP-Kurztitelaufnahme der Deutschen Bibliothek

Lapp, Günther:
Särge des Mittleren Reiches aus der ehemaligen Sammlung
Khashaba / von Günther Lapp. In Zusammenarbeit mit
C. Müller-Winkler . . . – Wiesbaden : Harrassowitz, 1985.
 (Ägyptologische Abhandlungen ; Bd. 43)
 ISBN 3-447-02526-3
NE: GT

© Otto Harrassowitz, Wiesbaden 1985.
Alle Rechte vorbehalten. Photomechanische und photographische Wiedergabe
nur mit ausdrücklicher Genehmigung des Verlages.
Publiziert mit Unterstützung des Schweizerischen Nationalfonds zur Förderung
der wissenschaftlichen Forschung.
Reproduktion, Druck und buchbinderische Verarbeitung: BoD, Hamburg
Printed in Germany.

Otto Harrassowitz GmbH & Co. KG
Kreuzberger Ring 7c-d, D-65205 Wiesbaden,
produktsicherheit.verlag@harrassowitz.de

INHALTSVERZEICHNIS

Verzeichnis der Tafeln VII
Verzeichnis der Abkürzungen VIII
Vorwort IX

I. ALLGEMEINER TEIL

A. Verschnürung und Verdübelung
  1. Die Verdübelung der Bretter einer Sargwand miteinander 1
  2. Die Verbindung der Sargwände miteinander 1
  3. Die Fixierung des Bodens 2
  4. Die Fixierung der Querleiste von Deckel und Boden 2

B. Anpassung und Fixierung des Deckels
  1. Die Anpassung des Deckels an die Sargwanne 2
  2. Die Fixierung des Deckels 3

C. Die Randbegrenzungen der äusseren Schriftzeilen 4

II. DIE SÄRGE

A. Der Sarg des *Ḫnnjt*
  1. Die Konstruktion 5
  2. Die Farbgebung 7
  3. Die Texte 7

B. Der Sarg der *Rḫw-r-3w.sn*
  1. Die Namen 8
  2. Die Konstruktion 9
  3. Die Farben 9
  4. Die Farbschichtung 10
  5. Die Texte 10

C. Der Sarg des *Ḫnmw-ḥtp*
  1. Die Konstruktion 11
  2. Die Farbgebung 12
  3. Die Farbschichtung 12
  4. Die Texte 12

D. Der Sarg des *W3ḫ-k3*

1. Der Name des Sargbesitzers 12
2. Die Konstruktion 13
3. Die Farbgebung 13
4. Die Farbschichtung 13
5. Die Texte 13

E. Der Sarg der *K3jt*

1. Die Konstruktion 14
2. Die Farbgebung 15
3. Die Farbschichtung 15
4. Die Texte 15

F. Sargboden mit Querleisten

1. Die Konstruktion 15
2. Die Farben 16
3. Die Sargtexte 16

G. Sargboden ohne Querleisten

1. Die Konstruktion 16
2. Die Farben 16
3. Die Sargtexte

Liste der Sargtexte 17

VERZEICHNIS DER TAFELN

T.10[1]	*Ḫnnjt*	Ostseite aussen
T.10[2]	"	Ostseite innen
T.11[1]	"	Nordseite innen
T.11[2]	"	Westseite innen
T.16[1,2]	*Rḫw-r-3w.sn*	Ostseite aussen
T.17[1]	" "	Nordseite aussen*
T.17[2]	" "	Südseite innen
T.18[1]	" "	Ostseite innen
T.18[2]	" "	Westseite innen
T.19[1,2]	" "	Deckel innen
T.23[1,2]	*Ḫnmw-ḥtp*	Ostseite aussen
T.24[1]	"	Südseite aussen
T.24[2]	"	Deckel aussen
T.27[1]	*W3ḫ-k3*	Südseite aussen
T.27[2]	"	Ostseite aussen
T.31[1]	*K3jt*	Nordseite aussen
T.31[2]	"	Ostseite aussen
T.33[1]	Sargboden mit Querleisten	
T.33[2]	Sargboden ohne Querleisten	

*Der Deckel liegt auf dem Photo falsch herum, d.h. dass seine Südkante zu sehen ist

VERZEICHNIS DER ABKÜRZUNGEN

ADAIK	Abhandlungen des Deutschen Archäologischen Instituts Kairo, Ägyptologische Reihe. Glückstadt-Hamburg-New York.
Altenmüller, Begräbnisritual	Altenmüller, Hartwig. Die Texte zum Begräbnisritual in den Pyramiden des Alten Reiches. Ägyptologische Abhandlungen 24, Wiesbaden 1972.
ASAE	Annales du Service des Antiquités de l'Egypte.
CT	De Buck, Adriaan. The Egyptian Coffin Texts. Vol. I-VII, Chicago 1935-1961.
EAT I	Neugebauer, O. and Richard A. Parker, Egyptian Astronomical Texts I. The Early Decans, London 1960.
Garstang, Burial Customs	Garstang, John. The Burial Customs of Ancient Egypt, London 1907.
LdÄ	Lexikon der Ägyptologie. Herausgegeben von Wolfgang Helck und Eberhard Otto. Band 1ff. Wiesbaden 1975ff.
MÄS	Münchner Ägyptologische Studien. Berlin.
PN	Ranke, Hermann. Die ägyptischen Personennamen. Band 1, 2. Glückstadt, Hamburg, 1935-1952.
Posener-Kriéger, Les archives	Posener-Kriéger, Paule. Les archives du temple funéraire de Néferirkarê-Kakai (Les papyrus d'Abousir). Tome 1,2. Bibliothèque d'Etude 65, Le Caire 1976.
Pyr.	Sethe, Kurt Heinrich. Die altägyptischen Pyramidentexte, nach den Papierabdrücken und Photographien des Berliner Museums. Band 1-4. Leipzig, 1908-22.
ZÄS	Zeitschrift für ägyptische Sprache und Altertumskunde, Leipzig und Berlin 1863ff.

VORWORT

Die hier publizierten Särge stammen aus der ehemaligen Sammlung Khashaba. Sie befinden sich heute in Privatbesitz. Ich danke den Besitzern dafür, dass sie mir in so grosszügiger Weise erlaubt haben, die Särge zu publizieren.
Um den Titel kurz zu halten, habe ich als zeitliche Einordnung "Mittleres Reich" angegeben. Die Datierung, insbesondere die des Sarges des $Ḥnnjt$ und der $K3jt$, ist aber nicht ganz unproblematisch. Es scheint mir deshalb zum jetzigen Zeitpunkt geraten, den zeitlichen Rahmen etwas weiter zu spannen, d.h. "Erste Zwischenzeit bis Mittleres Reich".
Durch Vermittlung von Professor E.Hornung habe ich die Arbeit an dieser Sarggruppe 1979 gegen Ende meines Studiums beginnen können. Der Studienabschluss und die Doktorarbeit hatten zur Folge, dass ich nur einen Teil meiner Zeit einsetzen konnte. Allein die Abschriften der Sargtexte des $Ḥnnjt$ beanspruchten über ein Jahr. Die Schrift ist an manchen Stellen stark abgerieben, so dass es viel Geduld erforderte, einzelne Zeichen noch zu erkennen. C.Müller-Winkler verdanke ich diese Abschriften; sie hat weiterhin diejenigen der restlichen Särge überprüft. Mit ihr und M.Schneider habe ich die meisten Probleme der Konstruktion und Farbschichtung besprochen. M.Schneider verdanke ich auch das Faksimile der Opferformeln des $Ḥnnjt$ und der östlichen Innenseite der $Rḥw-r-3w.sn$. B.Lüscher hat Tafel 2 entworfen und die Arbeit gesamthaft noch einmal überprüft. Sie hat dabei zu zahlreichen Verbesserungen angeregt.
Die Photos der beiden Sargböden stammen von A.Niwinski, die restlichen Aufnahmen von A.Brodbeck.
Professor W.Schenkel hat mir liebenswürdigerweise seinen Index zu den Sargtexten zur Verfügung gestellt. Dadurch habe ich die Zahl der bereits identifizierten Texte vervollständigen können.
Die Holzproben hat Professor H.Bossardt von der ETH Zürich untersucht. Er spezifiziert die genannten Holzarten folgendermassen:

Ficus: wahrscheinlich Ficus sycamorus
Tamarix: wahrscheinlich Tamarix articulata
Cedrus: möglicherweise Cedrus libani

Eine Farbschichtenprobe musste aus Kostengründen unterbleiben. C.Müller-Winkler und ich haben speziell anhand von Bruchstellen versucht, die Farbschichtung zu rekonstruieren. Dieser Rekonstruktion haftet ein gewisser Unsicherheitsfaktor an.
Das Ägyptologische Seminar der Universität Basel hat einen Teil der Arbeit finanziell unterstützt und der Schweizerische Nationalfonds ermöglichte ihren Druck.
Allen, die so grossen Anteil am Entstehen dieser Arbeit hatten, möchte ich an dieser Stelle danken.

Die Transkription der Namen folgt Ranke (PN). Die Masse sind stets von der oberen Nordostecke aus gemessen. Die Seiten des Sarges werden mit Nord, Ost, Süd und West bezeichnet, wobei die Ostseite die Seite des Augenpaares angibt.

Basel, Mai 1984

I. ALLGEMEINER TEIL

A. Verschnürung und Verdübelung

1. Die Verdübelung der Bretter einer Sargwand miteinander

Als einfachste Art, die Bretter einer Sargwand miteinander zu verdübeln, werden runde Dübel verwendet (T.3[2]). In der hier vorliegenden Sarggruppe sind die Särge des *W3ḫ-k3* und der *Rḫw-r-3w.sn* derart verdübelt und mit aller Wahrscheinlichkeit auch der Sarg der *K3jt*. Diese Dübelart erweist sich aber auch als die am wenigsten haltbare, denn offenbar sassen die einzelnen Bretter aller dieser Särge so locker, dass sie modern wieder neu fixiert werden mussten. Man hat dazu die Särge ganz auseinandergenommen und mit modernen Dübeln wieder zusammengesetzt, die im Falle des *W3ḫ-k3* und der *Rḫw-r-3w.sn* durch die Spalten der zusammenstossenden Bretter an vielen Orten gut sichtbar sind.

Bei der qualitativ besseren Art, die Bretter der Sargwände miteinander zu verbinden, werden rechteckige Dübel verwendet (T.3[1]), die wiederum durch zwei runde Querdübel fixiert sind (T.3[4,4']). Dieses Verfahren wurde beim Sarg des *Ḫnmw-ḥtp* und des *Ḫnnjt* verwendet. Beim Sarg des *Ḫnmw-ḥtp* sind alle rechteckigen Dübel querverdübelt, während bei *Ḫnnjt* von den zwischen zwei Brettern liegenden rechteckigen Dübeln in der Regel nur die beiden äusseren querverdübelt sind. Dies hat sich als sehr haltbar erwiesen, denn bei beiden derart verdübelten Särgen sind alle Originaldübel noch am Platze. Die Sargbretter bedurften also keiner modernen Fixierung.

Zwischen den Bodenbrettern des Sarges des *Ḫnmw-ḥtp* sitzen ebenfalls rechteckige Dübel, die aber nicht querverdübelt sind. Diese dienen nicht dazu, die Bretter untereinander zu fixieren, denn das besorgten bereits die Querleisten des Bodens. Sie sollten vielmehr das Verwerfen beider Bretter gegeneinander verhindern. Daran zeigt sich, wie überlegt jeder einzelne Dübel verwendet wurde.

2. Die Verbindung der Sargwände miteinander

Die Seitenkanten der Wände sind bei allen hier vorliegenden Särgen auf Gehrung gearbeitet, wobei die oberen Ecken noch speziell verzahnt sind (T.3 [bei 6 und 6']). Bei der einfacheren Art der Verbindung werden runde Dübel quer durch die aneinanderstossenden Seitenkanten getrieben (T.3 [10]). Bei der etwas aufwendigeren Art finden sich neben der Fixierung durch runde Dübel noch zusätzlich Verschnürungen, wie sie *Ḫnnjt* und *K3jt* verwenden. Um zu verschnüren, werden zwei eng nebeneinanderliegende Dübellöcher quer durch die Ecken gebohrt (T.3[7]), deren Öffnungen durch eine Nut miteinander verbunden werden (T.3[7']). Die Schnur wird nun durch beide Dübellöcher geführt und liegt aussen in der Nut. Nachdem sie straff gezogen ist, werden zwei runde Dübel in die Dübellöcher getrieben, um die Schnur zu fixieren (T.3[8,8']). Zuletzt wird die Nut mit Verputz gefüllt und ist dadurch von aussen nicht mehr sichtbar.

3. Die Fixierung des Bodens

Der Boden der Särge ist immer so in die Sargwanne hineingesetzt, dass seine Seitenkanten unten an den Innenseiten der Sargwände anliegen. Er wird in der Regel durch eine Anzahl runder Dübel fixiert, die von den Längswänden quer in die Längskanten des Bodens hineinlaufen. Der Sargboden des Ḥnnjt ist noch zusätzlich mit Verschnürungen versehen, welche in diesem Falle vom unteren Teil der Längswände in die Querleisten des Bodens laufen (siehe S.5f.)

4. Die Fixierung der Querleiste von Deckel und Boden

Die Querleisten werden mit runden Dübeln fixiert und im Falle des Sarges der K3jt und des Ḥnnjt noch zusätzlich verschnürt. Wiederum werden zwei runde Dübellöcher eng nebeneinander gebohrt. Die beiden nebeneinanderliegenden Öffnungen werden durch eine Nut verbunden. Das Band wird durch Dübellöcher und Nut geführt (T.3[12]), straff gezogen und durch zwei Dübel fixiert (T.3[13]). Dann wird die Nut durch Verputz unsichtbar gemacht (T.3[11]). Die Stellen, an denen verschnürt wurde, sind in den meisten Fällen gut sichtbar, weil der Verputz oft ganz aus der Nut herausgefallen ist oder sich zwischen Verputz und Holz Risse gebildet haben, die etwa ovalförmig genau die Stelle der Verschnürung markieren (z.B. T.9[Boden]).

B. Anpassung und Fixierung des Deckels

1. Die Anpassung des Deckels an die Sargwanne

a. An drei von den hier publizierten Särgen (Rḥw-r-3w.sn, W3ḥ-k3, Snbj) sind etwa in der Mitte der Oberkante an der südlichen Schmalseite der Sargwanne zwei dicht nebeneinanderliegende Rillen zu sehen (T.2[4], vgl. Photo: T.17[2]). Offenbar wurden diese mit einer Säge leicht eingesägt. Beim Sarg des W3ḥ-k3 ist in ihnen noch Verputz sichtbar. Daraus geht mit Sicherheit hervor, dass es sich hier um Tischlermarkierungen handelt, die in den folgenden Dekorationsarbeiten wieder unsichtbar gemacht wurden.
b. An der Südkante des Deckels zweier Särge (Rḥw-r-3w.sn, Ḥnmw-ḥtp) ist ein runder Sägeschnitt (T.17[1]). Hier kann nur ein zylindrischer Knauf gesessen haben (vgl. T.2[5]). Dieser war noch am Sarg, als die Dekoration bereits angebracht war, denn der Sägeschnitt ist weder geglättet noch mit Farbe überstrichen. Offenbar wurde der Knauf erst nach der Bestattung abgesägt, denn zwei Exemplare wurden in einer Sarg-

kammer gefunden (Garstang, Burial Customs S.231 Nr.584[I]). Der Knauf hat sicherlich dazu gedient, den Sargdeckel bequem von der Sargwanne abheben zu können, solange der Sarg noch nicht verwendet wurde. Er dürfte im Zusammenhang mit den Tischlermarkierungen aus a. aber noch einem weiteren Zweck gedient haben.

c. Man darf annehmen, dass der Deckel bei seiner Herstellung der Sargwanne genau angepasst wurde. Würde man ihn nach Fertigstellung verkehrt herum auf die Sargwanne legen, passte er nicht mehr genau. Offenbar aus Konvention hat man deshalb zwei Rillen an der Südseite der Sargwanne und ebenso den Knauf am Deckel als Markierungen angebracht. Die richtige Orientierung war besonders auch für die Anbringung der Dekoration wichtig. Die Schriftzeilen des Deckels und der Längswände mussten ja beide in der gleichen Richtung von Nord nach Süd laufen. War aber die Schrift einmal angebracht, so konnte man sich auch an der Schriftrichtung orientieren, die Markierungen waren nicht mehr notwendig. Die Rillen an der Oberkante der Südseite wurden überputzt, und die Funktion des Knaufes bestand jetzt nur noch darin, den Deckel leicht von der Sargwanne abheben zu können.

2. Die Fixierung des Deckels

a. An den Oberkanten der Sargwanne und in der entsprechenden Position an der Unterseite des Deckels finden sich Dübellöcher zur Aufnahme von rechteckigen Dübeln (vgl.T.2[1,1']). In der Regel sind die Löcher nur an den Längsseiten angebracht, bei Ḥnmw-ḥtp je zwei, bei Rḥw-r-3w.sn eines. K3jt hat ausnahmsweise nur ein Dübelloch an der Südseite; Dübellöcher an den Längsseiten fehlen. Beim Sarg des W3ḫ-k3 und Snbj fehlen sie vollständig.

Diese Dübel sind sicher nicht angebracht worden, um ein seitliches Verrutschen des Deckels zu verhindern, denn das bewirkten bereits die Querleisten des Deckels. Vielleicht sollten sie ein seitliches Verwerfen der Längswände verhindern, solange der Sarg noch nicht belegt war. Dass sie bei zwei Särgen ganz fehlen, zeigt bereits, dass ihre Funktion nicht besonders wichtig sein konnte.

b. Am oberen Rand der Schmalseiten und in entsprechender Position an den Querleisten des Deckels befinden sich runde, durch Schmalseite und Deckelquerleiste ganz hindurchlaufende Dübellöcher (vgl. T.2[2,2'] und Photo T.17[1]). Je zwei an jeder Schmalseite sind am Sarg des W3ḫ-k3, Rḥw-r-3w.sn und Snbj angebracht, beim Sarg des Ḥnmw-ḥtp sind lediglich noch die zwei Löcher der nördlichen Schmalseite erhalten, da das obere Brett der Südseite fehlt. K3jt hat nur ein solches Dübelloch und zwar an der Südseite (T.31[1]). Beim Sarg des Ḥnnjt fehlen sie ganz. Interessant an diesen Dübellöchern ist, dass sie oft keine Rücksicht auf die Dekoration nehmen. So laufen etwa an der Nordseite des Sarges des Ḥnmw-ḥtp die Löcher genau durch die Hieroglyphen 𓊽 (T.4 [4]) und 𓎺, an der Nordseite des Sarges des W3ḫ-k3 läuft ein Dübel ebenfalls durch das Zeichen 𓊽.

Die Dübellöcher wurden also zu dem Zeitpunkt angebracht, als der Verstorbene endgültig in den Sarg gebettet wurde. Offenbar legte man dann auf sorgfältige Arbeit keinen Wert mehr.

C. Die Randbegrenzungen der äusseren Schriftzeilen

Um die Randbegrenzungen der Schriftzeilen der äusseren Sargwände anzubringen, wurde ihre Breite zunächst durch kleine Markierungen angegeben. In diesem Zusammenhang soll nur auf zwei Beispiele verwiesen werden. Besonders gut sichtbar sind die Markierungen noch auf der Südseite des Sarges des H̱nmw-ḥtp (T.4[3,4]). In etwas anderem Zusammenhang kommen solche Markierungen auf der Innenseite des Deckels der Rḥw-r-3w.sn vor: Hier sollte ein Raster zur Aufnahme der Dekanliste angebracht werden. Die gut erhaltenen Markierungen (T.39 Deckel) zeigen, dass der Vorzeichner zunächst eine Einteilung wählte, die offenbar nicht zur gewünschten Dekanliste passte. Das tatsächlich gezeichnete Raster berücksichtigt nämlich die meisten dieser Markierungen nicht.

Das Schema der Randbegrenzungen für vier Vertikalzeilen, wie H̱nmw-ḥtp und W3ḫ-k3 es benutzen, ist auf T.4[2] angeben. T.4[1] gibt das Schema bei Rḥw-r-3w.sn, also für drei Vertikalzeilen, wieder.

II. DIE SÄRGE

A. Der Sarg des Ḥnnjt

Masse:* (in cm)	Länge	Höhe/Breite	Holzdicke	
Deckel	208.2-209	63.5-64.3	6-6.9	
Boden	200.5-201	**	3.4-4	
West	208.5	siehe T.34[8]		
Nord	64.5	64.7-65.1	5-5.2	(Oberkante)
			3.5-3.6	(Unterkante)

* Der Sarg ist heute in die einzelnen Sargwände zerlegt
**Ein Brett des Bodens fehlt, vgl. T.9[Boden], so dass die Breite nicht angegeben werden kann

Holzart: Tamarix

Herkunft: Kamal hat in Meir zusammen mit dem Kanopenkasten eines Mannes $K3j$ $rn.f$ nfr Ḥnnjt einen Sarg gefunden, den er ohne weitere Angaben nur erwähnt (ASAE 11,1911, S.18ff.). Möglicherweise handelt es sich trotz der Vertauschung der Namen um den hier veröffentlichten Sarg des Ḥnnjt $rn.f$ nfr $K3j$ (Zur Stellung von $rn.f$ nfr vgl. Junker, ZÄS 63,1928, S.59f.).
Auf der Westseite des Sarges kommt der Sargtextspruch 533 vor. Dieser Spruch dürfte in Meir entstanden sein. Zum einen ist er bisher nur auf Särgen aus Meir belegt, zum anderen ist in ihm die Gottheit $wḫ$ (MÄS 4,1963, S.128 Anm.3; Posener-Kriéger, Les archives S.73ff.) genannt, die ganz speziell in Meir verehrt wird.

1. Die Konstruktion

Der Boden des Sarges bestand ursprünglich aus vier ungeraden Brettern, das westliche Brett fehlt heute (T.9 Boden). Zwischen den noch vorhandenen Brettern liegen rechteckige Dübel ohne Querverdübelung. Das heute fehlende Brett dürfte auch deshalb weggebrochen sein, weil es nur durch fünf runde Dübel mit dem danebenliegenden Brett verbunden war. Die vier Querleisten des Sargbodens fehlen heute, sind aber modern

ergänzt. Jede Leiste war durch je eine Verschnürung an die beiden äusseren Bretter fixiert, an die beiden inneren durch je einen runden Dübel. Von den vier westlichen Verschnürungen sind nur noch die beiden inneren zum Teil sichtbar (T.9 Boden).
Der Boden wurde wie üblich durch an den Unterseiten der Längswände (T.9 Ost) quer in die Seitenkanten des Bodens (T.9 Boden) laufende Dübel fixiert. Daneben wurden auch Verschnürungen verwendet. Die Dübellöcher der vier Verschnürungen sind an den Längswänden sichtbar. Sie laufen von der Aussenseite in die Seitenkanten (T.9 Ost). Da am Boden keine entsprechenden Verschnürungen zu sehen sind, müssen diese in den heute fehlenden Querleisen gesessen haben.
Der Deckel ist aus vier Brettern zusammengesetzt, die drei Querleisten sind modern ersetzt. Mehrfach sind Leisten eingesetzt und Bretterteile angefügt. Zwischen den Brettern sitzen rechteckige Dübel. Die Querleisten wurden mit runden Dübeln fixiert, Verschnürungen sind keine zu sehen.
Wie der Deckel an der Sargwanne befestigt wurde, ist nicht auszumachen. Es fehlen sowohl die üblichen runden Dübellöcher der Schmalseiten (T.11[1]) wie auch die rechteckigen Dübellöcher an der Oberkante der Längsseite und die dazu korrespondierenden an der Unterseite des Deckels (vgl. T.2[1,1']).
Die Längswände des Sarges bestehen aus vier, die der Schmalseiten aus drei bzw. vier Brettern. Die Bretter der Schmalseiten sind relativ gerade, die der Ostseite sind nach oben gewölbt (T.9 Ost) und die der Westseite nach unten (T.11[2]). An die Seitenwände des Sarges sind vielfach Leisten aufgesetzt, die mit runden Dübeln fixiert wurden (z.B. T.9 Ost). Einige Bretter waren zu kurz oder an manchen Stellen zu schmal, so dass hier kleine Stücke angesetzt werden mussten. Offenbar hat man darauf geachtet, dass die rechteckigen Dübel, welche die einzelnen Bretter der Sargwände untereinander verbinden, gerade durch diese angesetzten kleinen Bretter laufen, sodass diese besonders gut fixiert sind. Wie die Bretter der Seitenwände untereinander verdübelt sind, soll am Beispiel der Ostwand beschrieben werden. Die vier Bretter der Ostwand dürften alle durch vier rechteckige Dübel miteinander verbunden gewesen sein. Die beiden mittleren Dübel, welche die zwei oberen Bretter miteinander verbunden haben, sind nicht sichtbar. Von den vier Dübeln, welche je zwei Bretter miteinander verbinden, sind nur die beiden äusseren querverdübelt. Eine Ausnahme bilden die beiden unteren Bretter. Von den vier zwischen ihnen liegenden rechteckigen Dübeln sind drei querverdübelt. Diese zusätzliche Querverdübelung wurde vielleicht deshalb vorgenommen, weil am Nordende des unteren Brettes ein kleines Stück angesetzt ist, in dem gerade einer der querverdübelten rechteckigen Dübel sitzt (T.9 Ost), und diese Stelle wohl als etwas instabil angesehen wurde. Interessant ist noch zu bemerken, dass an zwei Stellen die beiden runden Querdübel neben dem rechteckigen Dübeln liegen, die sie eigentlich hätten fixieren sollen.
Die Bretter der Schmalseiten werden untereinander durch je zwei rechteckige Dübel verbunden. Der Querschnitt der Seitenwände verjüngt sich nach unten hin, als Beispiel ist der Querschnitt durch die Westwand angegeben (T.34[8]).
Die Enden der Seitenwände sind wie üblich auf Gehrung gearbeitet und werden untereinander durch je drei Verschnürungen zusammengehalten. Daneben wurden noch Dübel

verwendet. Die Dübellöcher sind aber aufgrund der vielen Absplitterungen oft schwer auszumachen. Zwischen den Verschnürungen dürfte in der Regel ein Dübel gesessen haben. Bemerkenswert sind noch vier Dübel, die jeweils von den Enden der Oberkante der Längsseite aus schräg in die Schmalseite hineinlaufen (vgl. T.3[5]).

2. Die Farbgebung

Der Sarg ist innen und aussen mit einer Ockerschicht übertüncht. An der Innenseite der Schmalseite befindet sich oben ein horizontales Farbband (T.11[1]). Die Farben dieser Bänder sind nur noch an wenigen Stellen auszumachen. Die Innenseiten der Längswände haben an den Schmalenden vertikale Farbbänder (T.7). Auch hier sind die Farben weitgehend zerstört. Da aber alle acht Bänder offenbar das gleiche Farbmuster haben, lässt dieses sich mit einiger Sicherheit rekonstruieren. Die Schriftbänder, deren Begrenzungslinien und das Augenpaar sind in Tiefrelief ausgeführt, in den Vertiefungen wurden die Farben aufgetragen. Die Köpfe der Schlangen sind vom Rumpf getrennt. Um dies zu erreichen, hat man zunächst die ganze Schlange in Tiefrelief ausgehoben und die Stelle, an der der Leib vom Rumpf getrennt werden soll, mit Verputz ausgefüllt. Dieser ist heute aber an manchen Stellen herausgebrochen. Die Farben der Aussenseiten sind in T.7 angegeben, die Farben der inneren Scheintür auf T.6. Die Spruchtitel der Sargtexte sind rot, die der Texte schwarz vorgezeichnet und mit blauer Farbe übermalt.

3. Die Texte

Die Texte der Aussenseiten sind auf T.5 wiedergegeben. Die Innenseiten haben eine klare Spruchverteilung. Auf der Ostseite (T.35) sind Pyramidentexte, auf den anderen Seiten (T.36f.) Sargtexte angeordnet. Das obere Register der Ostseite gibt in drei Horizontalzeilen eine Spruchfolge der Pyramidentexte (T.8 Ost) wieder, die noch auf den Särgen Sq3C, Sq4C, Sq5C und Sq6C belegt ist (vgl. Altenmüller, Begräbnisritual S.27 [nach Sprüchen zitiert]). Die beiden mittleren Register enthalten eine Spruchfolge (T.8 Ost), die eine genaue Kopie der Nordwand der Sargkammer der Unaspyramide ist. Zur Identifikation der Sargtexte der Ost-, West- und Nordseite siehe T.7f.

B. Der Sarg der *Rḫw-r-ꜣw.sn*

Masse:	Länge:	186.5
(in cm)	Breite:	45.5
	Höhe:	47.0
	Deckelhöhe:	6.5

Holzart: Cedrus

Herkunft: Keine Angaben

Typologische Einordnung:

Parallelen zu der Innendekoration dieses Sarges sind bisher nur aus Assiut bekannt geworden (vgl. LdÄ Band 5, Sp.432 [Typ 5]).
Die engsten Parallelen zu den äusseren Schriftzeilen finden sich auf Särgen aus Meir (z.B. ASAE 11,1911, S.35f.; 8f.; 26; 26f.). Es wäre denkbar, dass der Sarg in Meir angefertigt wurde, dann aber nach Assiut verschleppt und dort die Innendekoration angebracht wurde (vgl. dazu die folgenden Ausführungen).

1. Die Namen

Der Name der ursprünglichen Grabbesitzerin ist auf der Opferformel der Aussenseiten getilgt worden und durch den gut lesbaren Namen Ḥnw-k3 ersetzt (T.12), der allerdings von sehr ungeschickter Hand geschrieben wurde. Von dem ursprünglichen Namen sind noch Reste sichtbar (T.13), die sich sicher zu Rḫw-r-3w.sn ergänzen lassen. Wie aus den femininen Endungen und Suffixen der Opferformel ersichtlich ist, handelt es sich um einen Frauennamen. Dieser ist bei Ranke (PN I S.225[24]) nur einmal belegt. Da die Schriftzeichen der Rḫw-r-3w.sn so angeordnet sind, dass das ḫ zuvordest steht, konnte Ḥnw-k3 dieses ḫ stehenlassen und zur Schreibung seines Namens mitverwenden. Der Name der Innenseiten ist ebenfalls überall getilgt, aber im Gegensatz zu den Aussenseiten nicht mehr ersetzt worden. In der Sargwanne ist er an allen getilgten Stellen noch gut als Nḫtj lesbar. An der Innenseite des Deckels muss ein anderer Name gestanden haben, der mit ∀ beginnt. Hier bietet sich als Ergänzung zwanglos der Name Wp-w3wt-nḫt an, der die Lücke gut füllt. Nḫtj kann als Kurzname für Wp-w3wt-nḫt gelten, womit dann auf den Sarginnenseiten überall die Namen des gleichen Mannes gestanden hätten. Die Abfolge der Usurpationen lässt sich mit Sicherheit wie folgt angeben:

Ursprüngliche Sargbesitzerin: Rḫw-r-3w.sn
Erster Usurpator: Nḫtj (=Wp-w3wt-nḫt)
Zweiter Usurpator: Ḥnw-k3

Rḫw-r-3w.sn ist sicher die ursprüngliche Sargbesitzerin gewesen, da sie die äusseren Schriftzeilen angebracht hat. Nḫtj (mask.: vergleiche z.B. die Suffixpronomen der Vertikalzeilen neben der Scheintür der inneren Ostseite [T.38 Ost]) muss als erster den Sarg usurpiert haben. Hätte er ihn als letzter usurpiert, so hätte er seinen Namen ja sicher nicht selbst wieder getilgt. Erst er muss die Innendekoration angebracht haben, da ja innen der Name der Rḫw-r-3w.sn nicht vorkommt und auch in der durch die Namenstilgung entstandenen Lücke nicht genügend Platz war. Den Namen der Rḫw-r-3w.sn hat er nicht getilgt, denn wäre er dafür verantwortlich, so hätte er ja nicht das ḫ ihres Namens stehengelassen. Offenbar hat er die äusseren Schriftzeilen nicht verändert, weil er nicht nur den Namen, sondern auch alle femininen Suffixe und Endungen hätte ändern müssen, was nur schwer auszuführen gewesen wäre. Als zweiter Usurpator hat Ḫnw-k3 alle Namen bis auf das ḫ der Rḥw-r-3w.sn getilgt und den seinen sehr unsorgfältig auf den Aussenseiten eingetragen. Dem gleichen Mangel an Sorgfalt mag es zuzuschreiben sein, dass er die femininen Suffixe und Endungen der Aussenzeilen nicht in maskuline abänderte.

2. Die Konstruktion

Die <u>Längswände</u> bestehen aus jeweils drei Brettern. Das obere Brett beider Schmalseiten ist aus zwei Teilen zusammengesetzt (T.17). Im unteren Brett der südlichen Schmalseite ist ein kleines Bretteil eingefügt. An der Oberkante der südlichen Schmalseite sind etwa in der Mitte zwei Rillen angebracht (T.17[2], vgl. T.2[4]). Der Querschnitt aller Seitenwände verjüngt sich nach unten hin (z.B. T.13 Schnitte). Die Bretter sind heute durch moderne Dübel zusammengehalten, doch inwieweit die alten Dübellöcher wiederverwendet wurden, ist nicht festzustellen. Die modernen Dübel sind rund, und dies entspricht sicher auch der ursprünglichen Art der Verdübelung, da Querdübel, wie sie bei rechteckigen Dübeln verwendet werden, fehlen.

Der <u>Deckel</u> ist ebenfalls aus drei Brettern zusammengesetzt. An einer Seite des Mittelbrettes ist in dessen ganzer Länge eine Leiste eingesetzt, an seiner Nordseite ist ein kleines Brett eingefügt. Die beiden Querleisten fehlen heute. Jede Querleiste wurde durch drei Dübel fixiert, wobei in jedem Brett genau ein Dübel sass. In den Dübellöchern, die ganz durch den Deckel hindurchgebohrt sind, stecken noch die abgebrochenen Hälften der Originaldübel. Von der Fixierung des Deckels an die Sargwanne sind noch die rechteckigen Dübellöcher an den Oberkanten der Längsseiten und der Unterseite des Deckels sichtbar (vgl. T.2[1,1']), und ebenfalls die zwei runden Dübellöcher an der Oberseite jeder Schmalseite (T.17). Um die letztgenannten runden Dübellöcher sind konzentrische Kreise sichtbar (T.17[1]), offenbar Abdrücke des Bohrers. Am Südende des Deckels war ein Knauf angebracht, der heute abgesägt ist (T.17[1], vgl. T.2[5]). Diese Stelle ist gut sichtbar, weil der Knauf abgesägt wurde, als die Dekoration bereits angebracht war und somit diese Stelle nicht übermalt war. Mit Ausnahme der Enden des Deckels, wo die Querleisten sitzen, ist an dessen Unterseite eine leichte Wölbung eingearbeitet (T.13 Schnitte).

3. Die Farben

Das Holz der Aussenseiten zeigt seine natürliche Maserung. Alle Schriftzeichen und das Augenpaar sind mit einem schwarzen Strich umrandet, einzig der untere Teil des Auges ൲ bildet eine Ausnahme. Er weicht auch im Farbton etwas vom sonst verwendeten Blau ab und dürfte deshalb später hinzugefügt worden sein. Beispiele der Innenzeichnung der Schriftzeilen sind auf T.13 angegeben. Die Oberkanten der Sargwanne, dort wo der Deckel aufliegt, sind rot gestrichen.

Die Innenseiten waren weiss grundiert, allerdings ist die Grundierung weitgehend abgerieben und nur noch an manchen Stellen sichtbar. Auf diese Grundierung wurde die Dekoration aufgetragen, deren Farbgebung auf T.14 wiedergegeben ist. Die einzelnen Gegenstände und Schriftzeichen, mit Ausnahme der rot ausgeführten, sind mit einem schwarzen Strich umrandet. Da die rote Farbe oft verwischt ist, macht das Erkennen der Konturen der in rot ausgeführten Darstellungen oft Mühe. So ist die rote Farbe der Brote des Opfertisches deutlich erkennbar, die Konturen sind jedoch nur noch im unteren Teil auszumachen. Auch das rot ausgeführte Zeichen ⤳ (M3 der Gardinerliste) im Namen des N_ḫtj hat heute eher die Form des Zeichens ⌒ (F18).
Der Farbkanon der horizontalen Schriftzeichen der Innenseiten ist nicht ganz einheitlich. Abweichungen finden sich bei den Zeichen ❘ und 🐂(T.14 [Die Horizontalzeilen]). Die Innenflächen der Schriftzeilen der Sargtexte, Opferliste und Dekanliste sind mit einem blauen Farbtupfer ausgefüllt (Beispiel: T.14 [Die Vertikalzeilen]). Die Determinative der Opferliste sind zunächst ▽-förmig in schwarzer Farbe vorgezeichnet, später aber mit einer in rot ausgeführten ▽-förmigen Schale überdeckt.

4. Die Farbschichtung

Die Farbschichtung der äusseren Schriftzeilen ist auf T.15 angegeben.

5. Die Texte

Von den Texten der Aussenseiten auf T.12,13 geben die östlichen Vertikalzeilen Pyr. §638a,b wieder. Auf der inneren Westseite (T.38) ist CT sp.154,155beg. genannt. Die engste Parallele zur Dekanliste auf T.39 hat der Sarg S5C (EAT I S.18; T.26ff. [Coffin 11]).

C. Der Sarg des H̱nmw-ḥtp

Masse:	Länge:	219
(in cm)	Breite:	49.5
	Höhe:	60
	Deckelhöhe:	9-10

Holzart: Cedrus

Herkunft: keine Angaben

Typologische Einordnung:
Die engsten Parallen zu den Opferformeln dieses Sarges finden sich auf Särgen aus Meir (z.B. ASAE 11,1911, S.11ff.; ASAE 12,1912, S.106f.)

1. Die Konstruktion

Die Seitenwände des Sarges sind aus drei Brettern zusammengesetzt. Das obere der Südseite fehlt heute (T.24[1]). Am Mittelbrett der inneren Westseite war ca. 80cm lange Leiste aufgesetzt, die aber heute ebenfalls fehlt. Die Originaldübel, die diese Leiste fixierten, stecken zum Teil aber noch in ihren Löchern. Ebenso ist am Mittelbrett der inneren Südseite in ganzer Länge eine Leiste aufgesetzt. Die drei Bretter der Sargwände werden untereinander mit rechteckigen Dübeln, die ihrerseits mit je zwei runden Dübeln querverdübelt sind, zusammengehalten. Fünf rechteckige Dübel befinden sich zwischen je zwei Brettern der Längsseiten und zwei zwischen denen der Schmalseiten. Der Querschnitt der Seitenwände verjüngt sich nach unten hin, als Beispiel dafür ist der Querschnitt der Westwand angegeben (T.22 Schnitte). Die Seitenkanten der Seitenwände sind auf Gehrung gearbeitet und waren mit runden Dübeln, die heute modern ersetzt sind, zusammengehalten (sichtbar in T.24[1]).
Der Sargboden besteht aus zwei, innen stark angegriffenen Brettern. Zwischen diesen befinden sich vier rechteckige Dübel, die aber nicht wie bei den Seitenwänden mit runden Dübeln querverdübelt sind. Die Querleisten des Bodens fehlen und sind heute durch vier moderne Querleisten ersetzt. Durch eine nicht genau bestimmbare Anzahl runder Dübel an seinen Längsseiten ist der Boden mit den Längswänden verbunden.
Der Deckel ist aus drei Brettern zusammengesetzt. Auffallend sind die zahlreichen angesetzten Teile an der Ostseite des Deckels (T.22 Die Konstruktion). Das Mittelbrett ist ungewöhnlich schmal; das hat aber den Vorteil, dass zur Verdübelung aller drei Deckelbretter insgesamt nur fünf rechteckige Dübel verwendet werden mussten. Diese fünf Dübel laufen quer durch das schmale Mittelbrett hindurch. Jeder Dübel ist durch zwei runde Dübel, die in den beiden breiten Aussenbrettern sitzen, querverdübelt. Die zehn in fünf Zweierpaaren angeordneten Dübel sind von aussen gut sichtbar (T.24[2] und T.22 Die Konstruktion). Auf seiner Innenseite ist der Deckel gewölbt. In diese Wölbung sind drei Querleisten so eingesetzt, dass sie etwa die Wölbung ausfüllen. Die mittlere Querleiste besteht aus einem, die beiden äusseren Querleisten aus drei Brettern. Die nördliche dieser Querleisten ist noch vollständig erhalten (T.22 Schnitte), bei der südlichen fehlt heute das Mittelbrett (T.22 Die Konstruktion). Der Zweck dieser Leisten liegt vor allem darin, der Konstruktion des Deckels mehr Stabilität zu geben. Auf den beiden äusseren Querleisten waren ursprünglich zwei weitere aufgesetzt (T.22 Schnitte), von denen aber heute die südliche fehlt. Diese äusseren Leisten mit den daraufsitzenden sind mit drei durchgehenden Dübeln festgelegt, während die mittlere Querleiste z.T. mit durchgehenden, z.T. mit nicht durchgehenden Dübeln fixiert ist. An der Konstruktion der Querleisten ist gut zu sehen, wie sparsam man mit dem Holz umging, denn die äusseren Querleisten konnten nur deshalb aus drei Teilen zusammengesetzt werden, weil die darüberliegenden Querleisten sie zusätzlich zusammenhielten.
Der Sarg des _Ḥnmw-ḥtp_ ist der einzige der hier publizierten Gruppe, an dem alle Details der Fixierung des Deckels sichtbar sind (vgl. T.2). An der nördlichen Schmalseite der Sargwanne befinden sich zwei Dübellöcher, die ihr Gegenstück in den zwei

Dübellöchern der noch verbliebenen nördlichen Querleiste haben (vgl. T.2[2,2']). Auf der Oberkante jeder Längsseite befinden sich zwei rechteckige Dübellöcher; diesen entsprechen vier Löcher an der Unterseite des Deckels (vgl. T.2[1,1']). An der Südseite des Deckels ist die Stelle gut sichtbar, an der ein runder Knauf gesessen hat (T.22 Die Konstruktion), denn die Bemalung fehlt an dieser Stelle.

2. Die Farbgebung (T.21)

Die Unebenheiten der Sarginnenseiten sind mit einer Verputzschicht ausgeglichen, die Sargaussenseiten, mit Ausnahme des Bodens, sind von vorneherein besser gearbeitet. Das Innere des Sarges ist weiss, das Äussere ocker übertüncht. Die Oberkanten der Sargwanne, auf denen der Deckel aufliegt, sind rot gestrichen. Die Hieroglyphen und das Augenpaar sind nur mit Farbe aufgetragen, ein Umrandungsstrich fehlt. Die Farben der Randbegrenzungen der Schriftzeilen und auch des Augenpaares sind dagegen durch einen schwarzen Strich begrenzt.

3. Die Farbschichtung

Die Farben sind wie bei $W3ḫ-k3$ geschichtet (vgl. T.34).

4. Die Texte

Die Texte der Aussenseiten sind auf T.20f. wiedergegeben.

D. Der Sarg des $W3ḫ-k3$

Masse:	Länge:	210.4
(in cm)	Breite:	47.5
	Höhe:	53.5
	Deckel:	Der heute fehlende Deckel war bei der Auffindung des Sarges (siehe unten) noch vorhanden.

Holzart:	Cedrus
Herkunft:	Meir
Publ.:	Kamal, ASAE 14,1914, S.45ff.

1. Der Name des Sargbesitzers

Kamal konnte, als er die Opferformeln des Sarges veröffentlichte, den Namen des Sargbesitzers offenbar noch ohne Schwierigkeiten lesen. Heute ist die Farbe an der Stelle, an der der Name gestanden hat, vollständig verschwunden. Die Konturen der Hieroglyphen sind noch zum Teil auszumachen und als $W3ḫ-k3$ lesbar (T.26 Die Namen). Da die Farbe der Hieroglyphen nur an dieser Stelle fehlt, ist der Name möglicherweise absichtlich getilgt worden.

2. Die Konstruktion

Die Seitenwände des Sarges sind aus zwei Brettern zusammengesetzt. Am oberen Brett der Südseite ist ein Teil der unteren Hälfte herausgebrochen (T.27[1]), so dass dadurch im unteren Brett die Dübellöcher gut zu sehen sind. Drei runde Dübel haben zwischen den beiden Brettern der Südseite gesessen. Die Zahl der Dübel zwischen den Brettern der Längsseiten ist nicht genau auszumachen, wahrscheinlich aber waren es fünf. Die sichtbaren Dübel sind gerillt, also modern.
Die Enden der Seitenwände sind wie üblich auf Gehrung gearbeitet und untereinander mit sechs Dübeln zusammengehalten. Nur an der Südwestecke finden sich fünf Dübel. Die Oberfläche dieser Dübel ist im Gegensatz zu den üblichen modernen glatt. Sie machen zum Teil aber trotzdem einen modernen Eindruck.
Die runden Dübellöcher zur Deckelbefestigung sind im oberen Teil der Schmalseiten gut sichtbar (T.27[1]). Rechteckige Dübellöcher an der Oberkante der Längswände (vgl. T.2[1]) fehlen. An der Oberkante der südlichen Schmalseite sind etwa in der Mitte zwei Rillen angebracht (vgl. T.2[4]), in welchen noch Reste von Verputz zu sehen sind, woraus mit Sicherheit hervorgeht, dass diese Rillen nach Fertigstellung des Sarges nicht mehr sichtbar waren.
Der Querschnitt der Seitenwände verjüngt sich wie üblich nach unten hin (T.34[7]).
Der Deckel und der Boden des Sarges fehlen heute. Als Kamal die äusseren Schriftzeilen des Sarges veröffentlichte, war der Deckel allerdings noch vorhanden (ASAE 14,1914, S.45). Der Boden mit Querleisten ist modern eingesetzt.

3. Die Farbgebung (T.26)

Der Sarg ist, soweit er heute erhalten ist, aussen und innen mit einer Farbschicht Ocker übertüncht. Die Oberkante der Sargwanne, dort wo der Deckel aufliegt, war rot gestrichen. Reste dieses Farbanstriches sind noch sichtbar. Die Hieroglyphen der Schriftzeilen sind nur mit Farbe aufgetragen, ein schwarzer Umrandungsstrich fehlt. Die Farben der Randbegrenzungen der Schriftzeilen sind dagegen durch einen schwarzen Strich begrenzt.

4. Die Farbschichtung

Die Farbschichtung der äusseren Schriftzeilen ist auf T.34 angegeben.

5. Die Texte

Die Texte der Aussenseiten sind auf T.25f. wiedergegeben. Die Opferformel des heute fehlenden Deckels ist von Kamal, ASAE 14,1914, S.45 veröffentlicht.

E. Der Sarg der *K3jt*

Masse:	Länge:	187
(in cm)	Breite:	46
	Höhe:	48
	Deckel:	Der heute fehlende Deckel war bei der Auffindung des Sarges (siehe unten) noch vorhanden.

Holzart:	Ficus
Herkunft:	Meir
Publ.:	Kamal, ASAE 12,1912, S.99

1. Die Konstruktion

Das Holz, das beim Sarg der *K3jt* verwendet wurde, ist von sehr schlechter Qualität. Die Bretter der Schmalseiten und der Ostseite sind relativ gerade, die der Westseite nach unten gewölbt. Insbesondere der Boden und die Westwand sind aus vielen Brettern zusammengesetzt. T.30 zeigt die Westseite, die einen guten Begriff davon gibt. Der Sarg war aussen aber vollständig von einer Schicht Verputz überzogen, so dass nach der Fertigstellung des Sarges nichts von der minderen Holzqualität sichtbar war. Der Sarg muss modern weitgehend auseinandergenommen und wieder zusammengesetzt worden sein, denn dort, wo die Bretter zusammenstossen, findet sich an vielen Stellen moderner Verputz. Insbesondere stossen die beiden oberen Bretter der Ostwand dort zusammen, wo die horizontale Schriftzeile liegt. Durch diese läuft hier streckenweise der moderne Verputz. Die an diesen Stellen überputzten Schriftzeichen sind modern ergänzt. Da nirgends runde Querdübel zu sehen sind, die dann gebraucht werden, wenn die Bretter der Seitenwände mit rechteckigen Dübeln untereinander verbunden sind, müssen hierfür runde Dübel verwendet worden sein. Die Seitenkanten der Seitenwände sind auf Gehrung gearbeitet und mit Verschnürungen und Dübeln zusammengehalten. Die Verschnürung ist aber, da der Sarg vollständig überputzt ist, nur noch an wenigen Stellen sichtbar (z.B. oben rechts an der nördlichen Schmalseite und oben links an der östlichen Längsseite).

Der <u>Deckel</u> fehlt heute, er wurde offenbar nur an der östlichen Schmalseite befestigt. Auf deren Oberkante ist ein Loch zur Aufnahme eines rechteckigen Dübels angebracht. Statt der üblichen zwei Dübellöcher an der Oberseite (vgl. T.2[2]) findet sich nur eines (T.31[1]). Ein weiteres war vielleicht vorgesehen, denn innen liegt neben dem durchgehenden ein zweites Loch, das allerdings nicht durch die ganze Schmalwand hindurchgebohrt ist.

Der <u>Boden</u> des Sarges hat drei Querleisten. Die mittlere sitzt ziemlich genau unter der vertikalen Schriftzeile der Längswände. Jede ist durch zahlreiche, ganz unregelmässig angeordnete Dübel und durch drei Verschnürungen fixiert (T.34[6]). Die Bänder der Verschnürungen sind z.T. wieder an der Innenseite des Bodens sichtbar. Wie die Bänder der beiden äusseren Verschnürungen geführt waren, kann ich nicht feststellen; die mittlere Verschnürung verläuft wie auf T.3 gezeigt.

2. Die Farbgebung

Die Farben des Sarges sind auf T.29 angegeben. Die Oberkanten der Sargwanne sind rot gestrichen.
Von Interesse an diesem Sarg ist die Vorzeichnung der Hieroglyphen und des Augenpaares. Sie ist an vielen Stellen noch deutlich zu sehen, weil die Farben der Schriftzeichen einerseits zum Teil innerhalb des Vorzeichnungsstriches liegen und diesen nicht überdecken, andererseits aber die Farbe der Schriftzeichen an manchen Stellen abgewaschen ist und der Vorzeichnungsstrich dort wieder zum Vorschein kommt. Im allgemeinen ist die Vorzeichnung mit roter Tinte ausgeführt, nur an der Ostseite ist ein Teil der Hieroglyphen mit schwarzer Tinte vorgezeichnet (T.29 Die Vorzeichnung). Für viele Hieroglyphen hat der Vorzeichner Hilfslinien verwendet, etwa für ᵚᵚ, ◯, ᛏ (T.29 Die Vorzeichnung). Beim ◯ blieb diese Hilfslinie sogar sichtbar, nachdem die Hieroglyphen blau ausgemalt waren. Auch am Augenpaar sind zahlreiche, parallel laufende horizontale Hilfslinien sichtbar (T.29 Die Farbgebung), die offenbar dazu dienten, das Augenpaar richtig zu proportionieren. Trotz all dieser Hilfen macht die Ausführung der Schrift und des Augenpaares aber einen ausserordentlich hilflosen Eindruck.

3. Die Farbschichtung

Die Farbschichtung ist auf T.30 angegeben.

4. Die Texte

Die Texte der Aussenseiten sind auf T.28 wiedergegeben. Die Opferformel des heute fehlenden Deckels ist von Kamal, ASAE 12,1912, S.99 veröffentlicht.

F. Sargboden mit Querleisten

Masse:	Länge:	185-185.5
(in cm)	Breite:	44.5
	Holzdicke:	3

Holzart:	Ficus
Herkunft:	Rifeh
Publ.:	Kamal, ASAE 14,1914, S.71[35]

1. Die Konstruktion

Der Sargboden besteht aus zwei Brettern. Sie werden wahrscheinlich durch sechs runde Dübel, von denen allerdings nur fünf zwischen den beiden Brettern sichtbar sind, zusammengehalten. An der Südseite des Sargbodens ist zwischen den beiden Brettern ein kleiner Flicken eingesetzt, ein grösserer sitzt etwa in der Mitte der Westseite (T.33[1]).

Der Boden war an die Sargwanne durch je sechs Dübel an den Längsseiten und je zwei an den Schmalseiten fixiert.

Die vier Querleisten sind durch je drei Dübel an den Sargboden befestigt. Sie sind modern an beiden Enden abgesägt und so der Breite des Bodens angepasst worden.

2. Die Farben

Die Unebenheiten der Unterseite des Bodens sind mit Stuck geglättet, die Oberseite ist mit einer Ockerschicht grundiert. Die Texte sind mit einem Farbband eingerahmt (Farbfolge: rot,blau,gelb,grün,rot).

3. Die Sargtexte

Die Sargtexte sind auf T.40 (vgl. Photo T.33[1]) wiedergegeben, ihre Identifikation auf T.32(1).

G. Sargboden ohne Querleisten

Masse:	Länge:	182.5
(in cm)	Breite:	41
	Holzdicke:	3-3.5
Holzart:	Ficus	
Herkunft:	keine Angaben	

CT sp. 398 ist vorzugsweise auf Sargböden aus Meir belegt (vgl. CT V.163f.), der Sargboden könnte daher aus diesem Ort stammen.

1. Die Konstruktion

Der Sargboden besteht aus einem Brett. Ursprünglich waren am Boden vier Querleisten angebracht. Diese fehlen heute, aber die Löcher für die Verdübelung, drei bis vier pro Querleiste, sind noch gut zu sehen. An den Längsseiten des Bodens befinden sich je sechs Dübellöcher. Am Nordende (T.33[2] rechts) ist ein Teil des Brettes abgesägt worden. Es fehlt genau der Teil, auf dem die Querleiste gesessen hat. Sichtbar sind heute also nur noch die Dübellöcher dreier Querleisten.

An den beiden Längsseiten des Bodens ist je ein grösserer Flicken angesetzt.

2. Die Farben

Die Oberseite des Sargbodens ist mit Ocker grundiert.

3. Die Sargtexte

Die Sargtexte sind zum grossen Teil zerstört. Sie sind auf T.40 (vgl. T.33[2]) angegeben, ihre Identifikation auf T.32[2].

LISTE DER SARGTEXTE

CT sp.	75	Ḫnnjt
	154	Rḫw-r-3w.sn
	155beg.	" "
	180	Ḫnnjt
	191	"
	207	"
	253	"
	258	"
	259	"
	290	"
	329	"
	398	Sargboden ohne Querleisten
	400	" " "
	406	" " "
	407	Sargboden ohne Querleisten / Ḫnnjt
	412	Ḫnnjt
	464	Sargboden mit Querleisten
	465	" " "
	467	" " "
	533	Ḫnnjt
	545end (VI.141k-142f)	"
	548	"
	709	"

TAFELN

ALLGEMEINER TEIL | 1

DIE VERWENDETEN KENNZEICHNUNGEN

☐	Weiss	■	Schwarz
▨	Rot	▨	Blau
⁙	Ocker	✦	Braun
▨	Feine Ockerschicht auf blauem Grund		
▥	Oberfläche des Holzes abgesplittert	▤	Verputzte Stelle
───	Schwarzer Strich	....	Roter Strich

DIE BEFESTIGUNG DES DECKELS

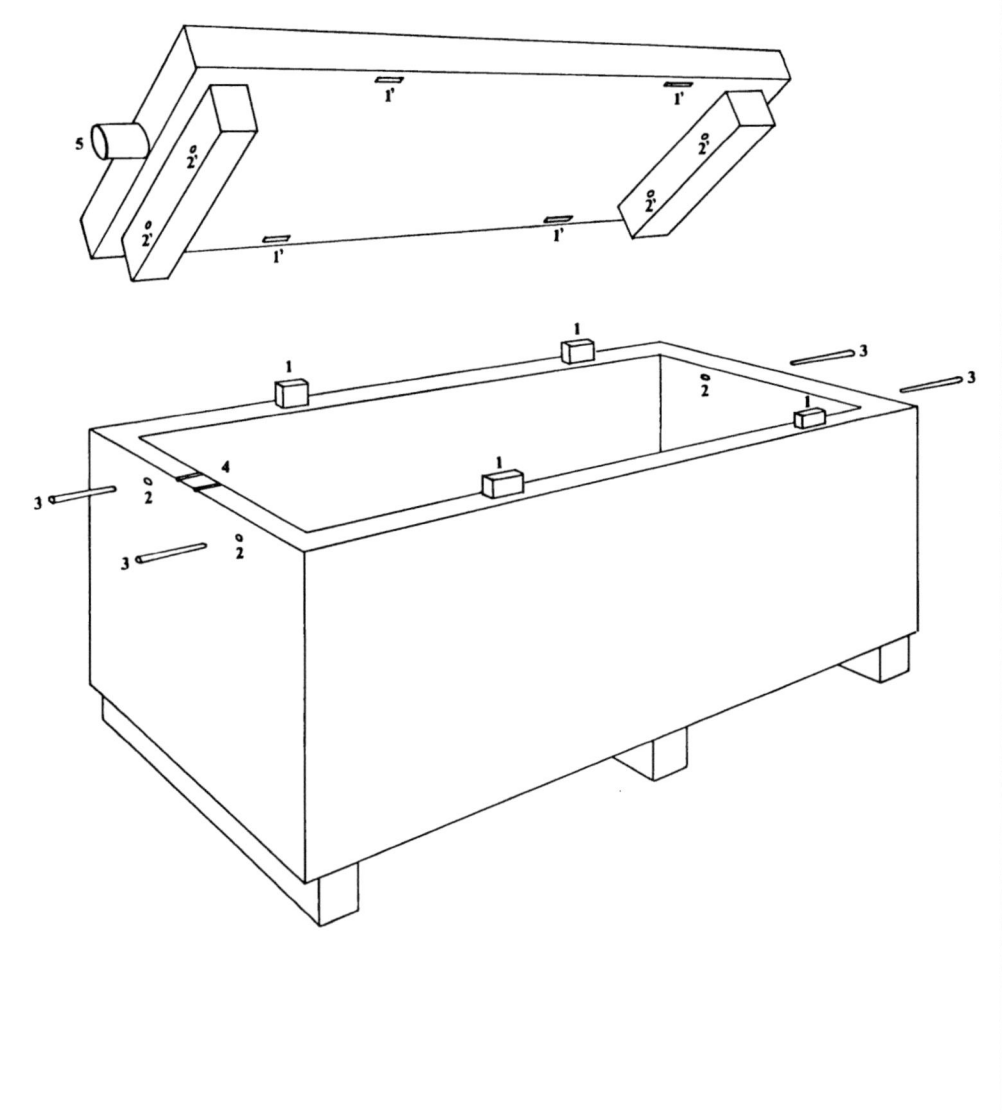

ALLGEMEINER TEIL

DIE KONSTRUKTION

Die Dübelarten

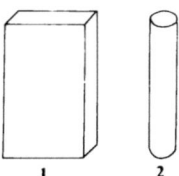

Die Fixierung der
Seitenwände miteinander

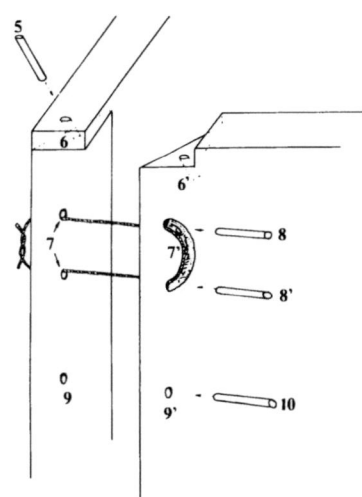

Die Verdübelung der Bretter
einer Sargwand miteinander

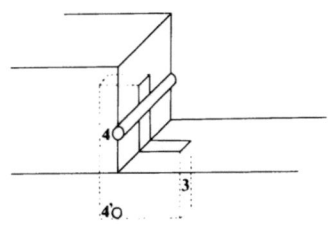

Die Fixierung der
Querleisten des Bodens

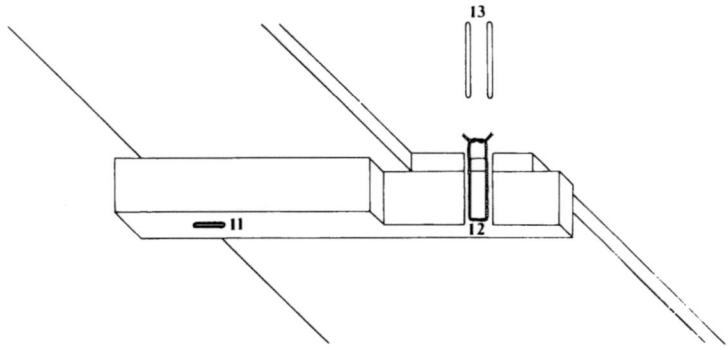

ALLGEMEINER TEIL

DIE RANDBEGRENZUNGEN

1. Schema mit drei Vertikalzeilen

2. Schema mit vier Vertikalzeilen

3.
↑
Die Markierungen
↓
4.

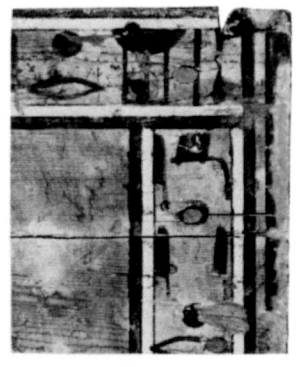

Ḥnnjt   5

DIE AUSSENSEITEN

OST

WEST

NORD

DECKEL

SÜD

DIE FARBEN DER INNENSEITEN

Ḥnnjt

DIE FARBEN DER AUSSENSEITEN

Die vertikalen Farbbänder (Rekonstruktion)

DIE TEXTE

NORD

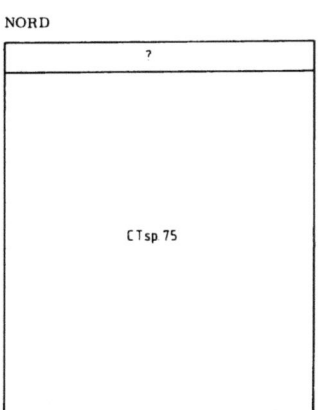

SÜD

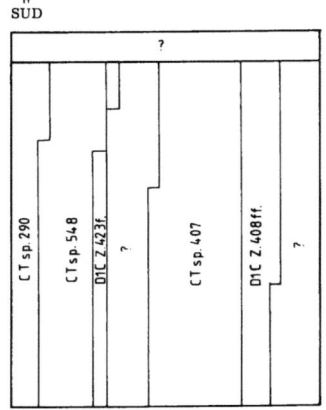

8 Ḥnnjt

DIE TEXTE

OST

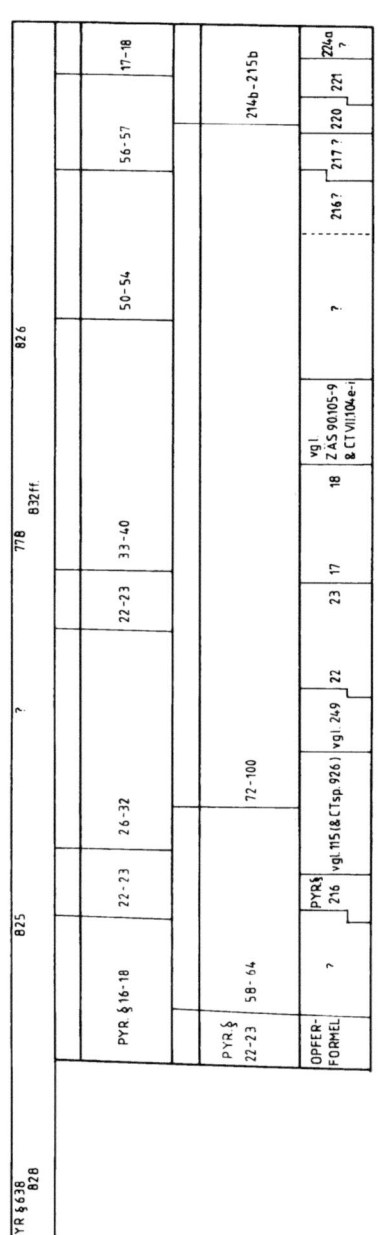

WEST

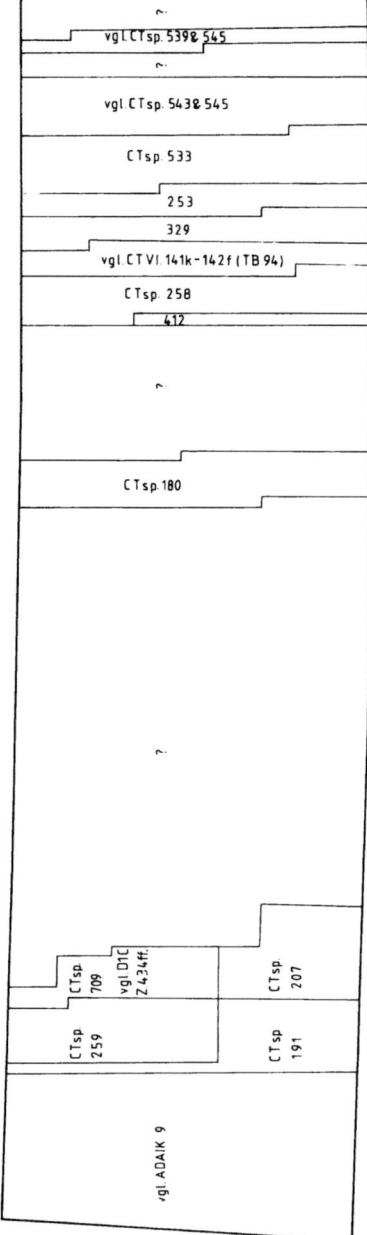

Ḥnnjt

DIE KONSTRUKTION

OST

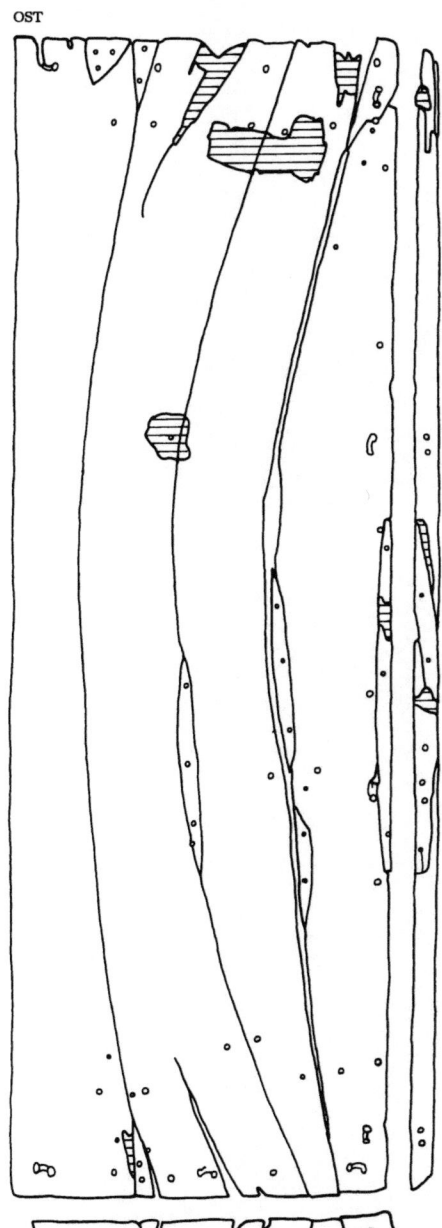

BODEN (INNEN)

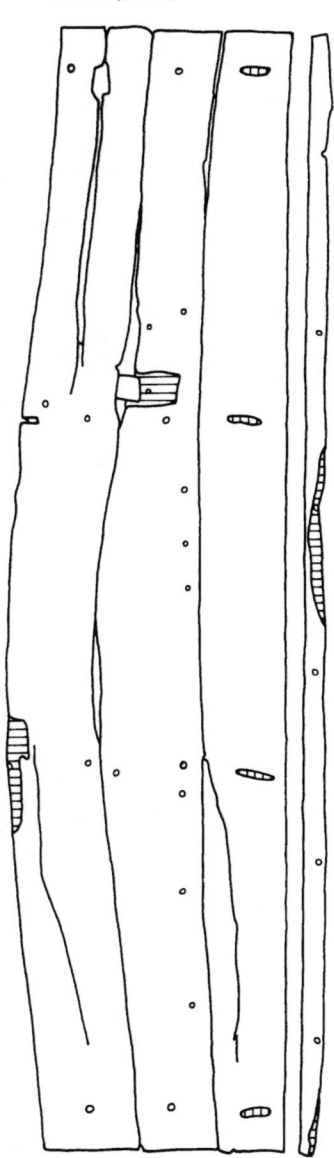

- 1 -

- 2 -

Ḥnnjt

- 1 -

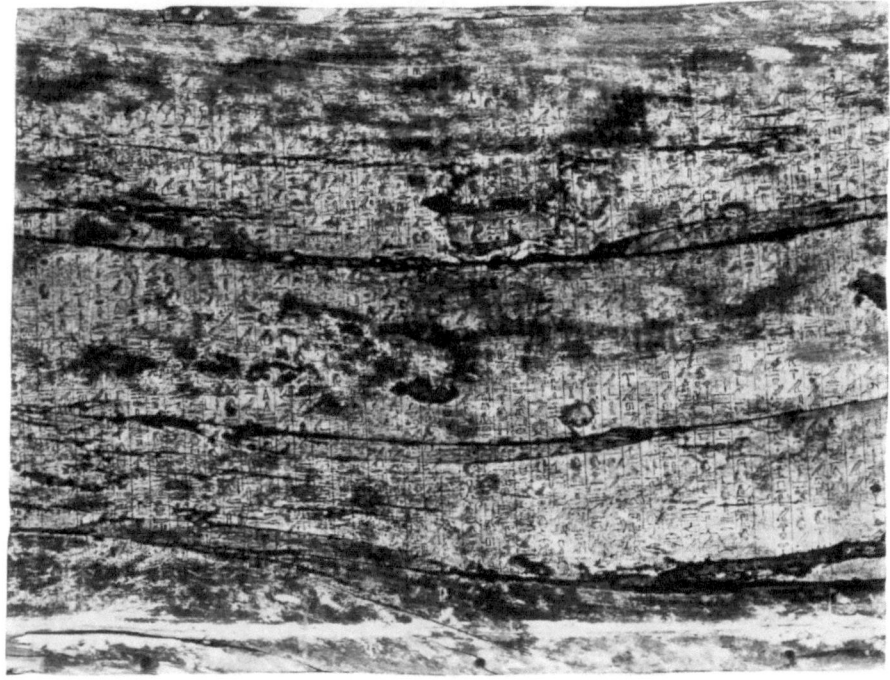

- 2 -

DIE AUSSENSEITEN

OST

WEST

DECKEL

Rḫw-r-ꜣw.sn 13

DIE AUSSENSEITEN

NORD   SÜD

DER URSPRÜNG-
LICHE NAME

DIE INNEN-
ZEICHNUNG DER
HIEROGLYPHEN

DIE
FARBGEBUNG

SCHNITTE

DECKEL

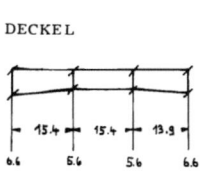

OST

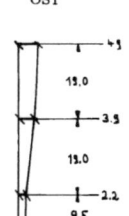

Rḥw-r-ꜣw.sn

DIE FARBEN DER INNENSEITEN

DIE HORIZONTALZEILEN

WEISS

SCHWARZ

ROT

BLAU

OCKER

POLYCHROM  UNREGELMAESSIG

DIE VERTIKALZEILEN

SARGTEXTE OPFERLISTE

DIE GERAETEFRIESE

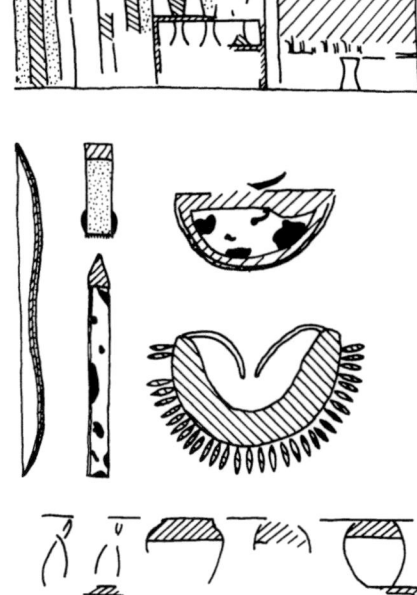

RANDBEGRENZUNG

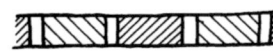

DECKEL

DIE FARBSCHICHTUNG
DER ÄUSSEREN SCHRIFTZEILEN

1. Polierte Holzoberfläche

4. Ocker auftragen
   (Deckt die fehlerhaften Vorzeichnungen)

2. Auftragen eines
   weissen Farbstreifens

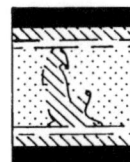

5. Blau auftragen
   (Deckt z. T. die Vorzeichnungsstriche)

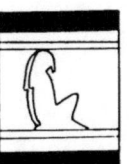

3. Vorzeichnung

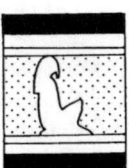

6. Schwarze Umrisslinien
   auftragen

16   Rhw-r-ꜣw.sn

-1-

-2-

-1-

-2-

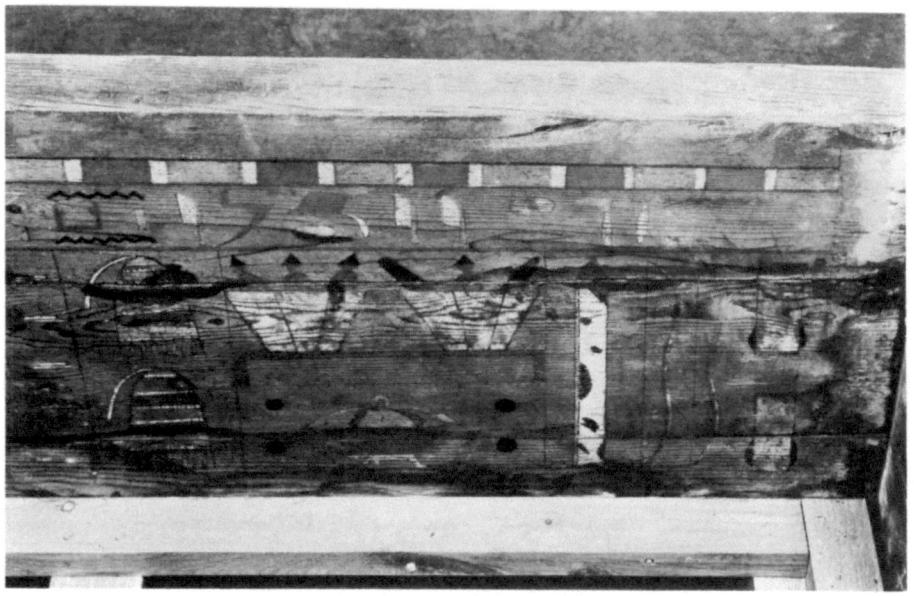

-1-

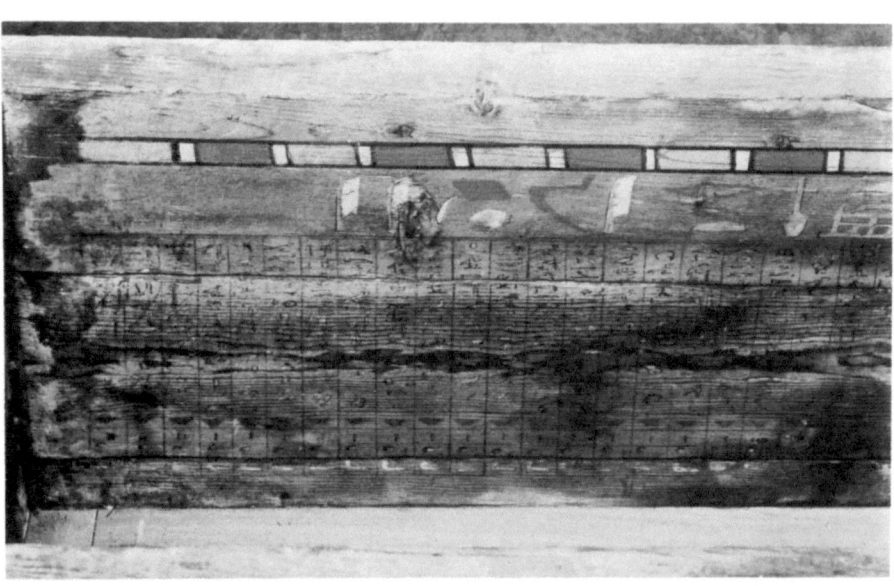

-2-

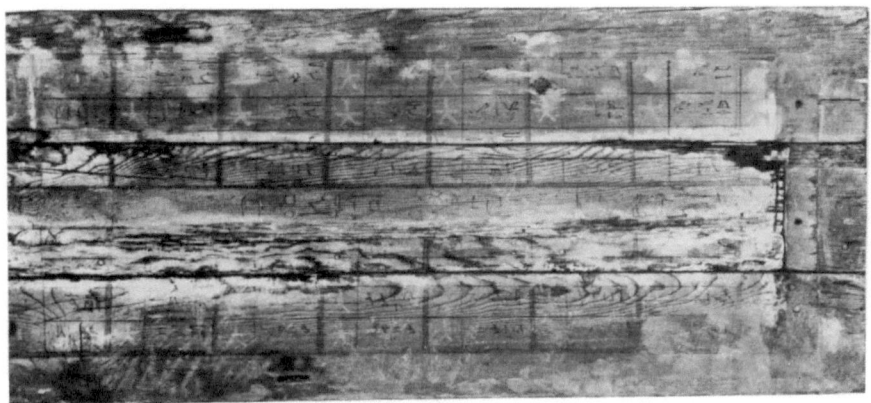

-1-

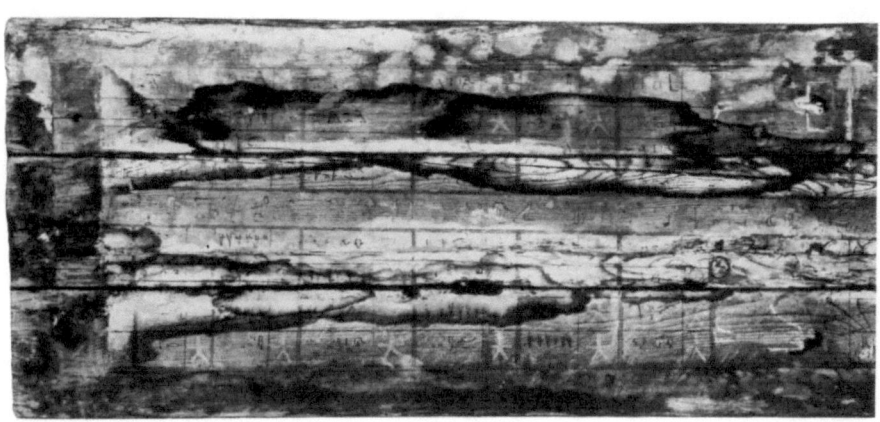

-2-

20　　　　　　　　　　　　　　　　　　　Ḫnm w-ḥtp

DIE AUSSENSEITEN

OST　　　　　　　　　WEST　　　　　　　　　DECKEL

Ḫnmw-ḥtp

DIE AUSSENSEITEN

NORD SÜD

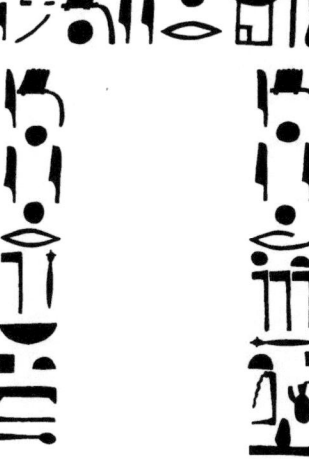

DIE FARBGEBUNG

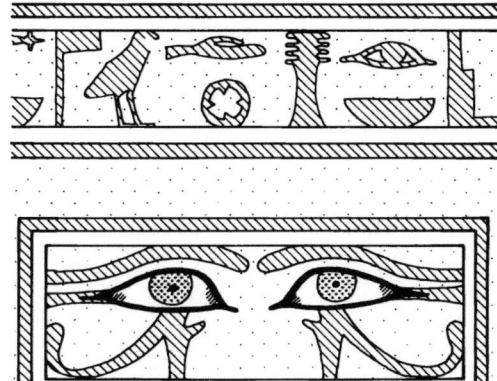

DIE KONSTRUKTION

DECKEL

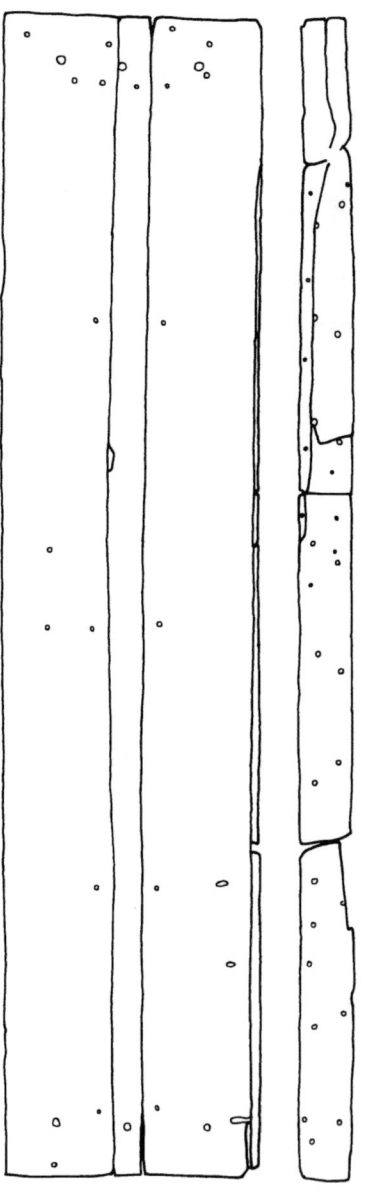

SCHNITTE

DECKEL

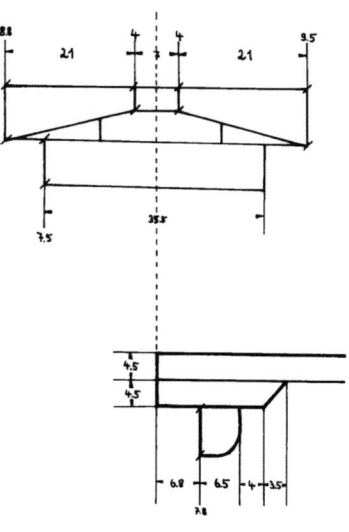

WEST-
SEITE

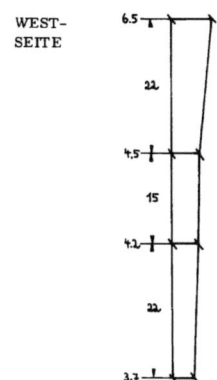

H̱nm w-ḥtp

-1-

-2-

Ḫnm w-ḥtp

-1-

-2-

W3ḫ-k3

DIE AUSSENSEITEN

OST WEST

DIE AUSSENSEITEN

NORD

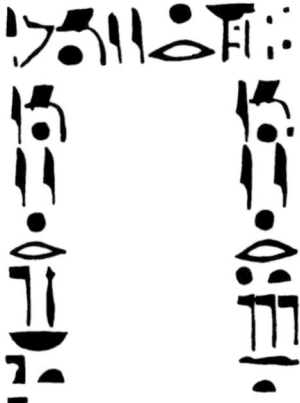

SÜD

DIE NAMEN

DIE FARBGEBUNG

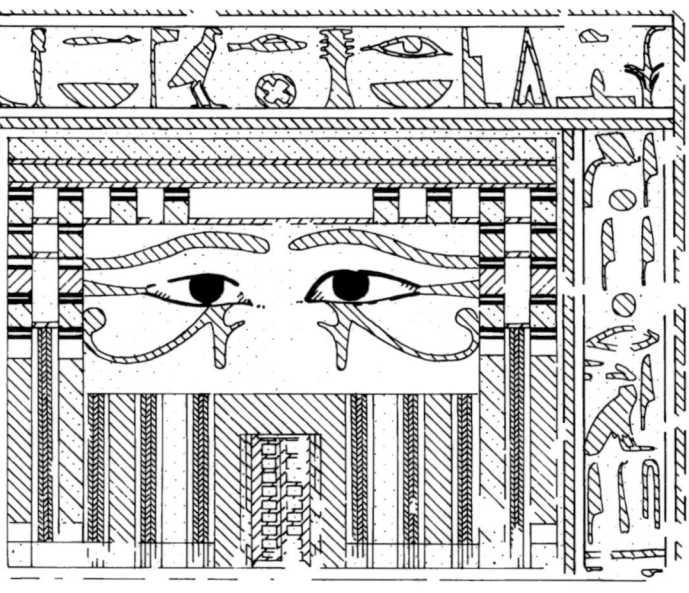

-1-

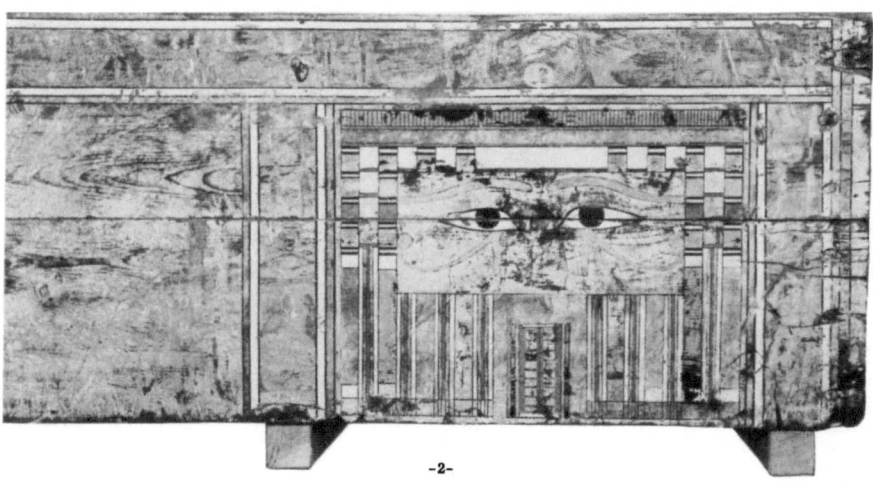

-2-

DIE AUSSENSEITEN

K₃jt

DIE VORZEICHNUNG

OST   WEST (HORIZONTAL)   WEST (VERTIKAL)

DAS AUGENPAAR

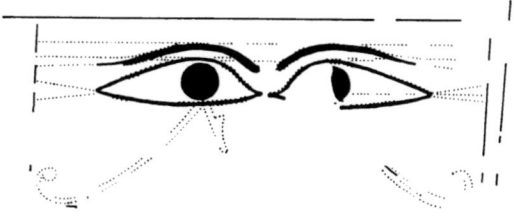

DIE FARBGEBUNG

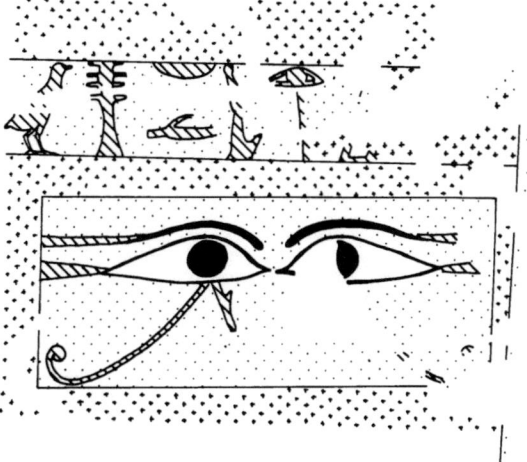

DIE KONSTRUKTION
West

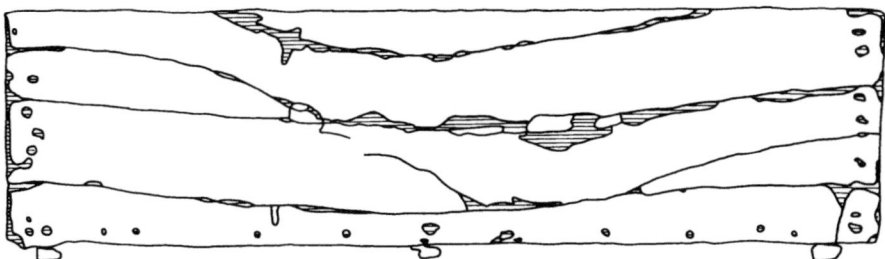

DIE FARBSCHICHTUNG
DER ÄUSSEREN SCHRIFTZEILEN

 1. Polierte Holzoberfläche

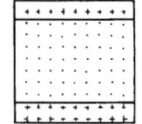 4. Auftragen eines ocker-
farbenen Streifens

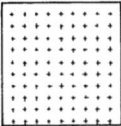 2. Grundierung der Sargaussen-
seiten mit rostbrauner Farbe

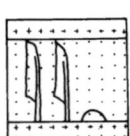 5. Vorzeichnen der
Hieroglyphen

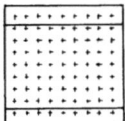 3. Begrenzungslinien der Schrift-
zeilen ziehen

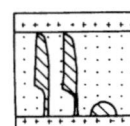 6. Hieroglyphen mit blauer
Farbe ausfüllen

Kꜣjt

-1-

-2-

32   **SARGBÖDEN OHNE NAMEN**

DIE TEXTE

1. Sargboden mit Querleisten

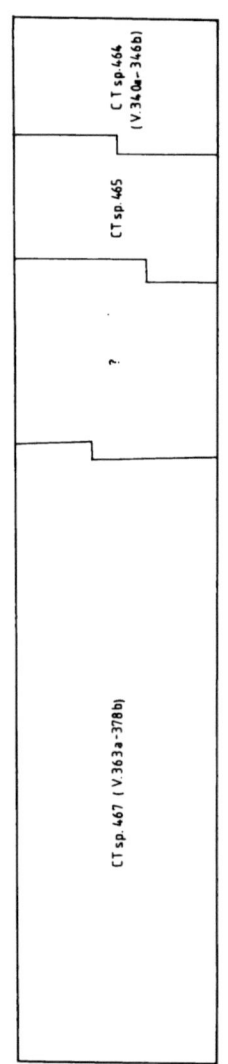

2. Sargboden ohne Querleisten

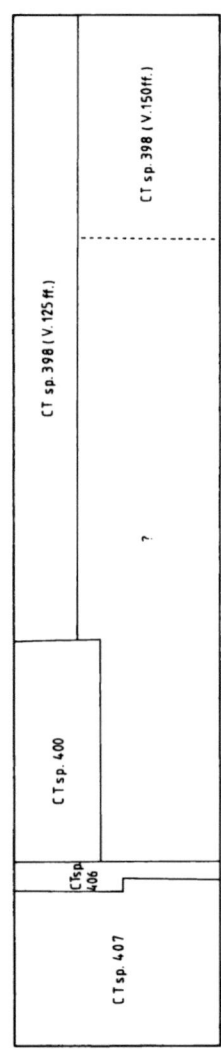

SARGBÖDEN OHNE NAMEN 33

- 1 -

- 2 -

34   VERSCHIEDENES

W3ḥ-k3

Die Farbschichtung der
äusseren Schriftzeilen

 1. Polierte Holzoberfläche

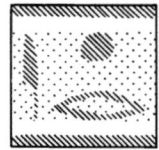 4. Blaue Farbe für Randbegrenzungen und Hieroglyphen auftragen

 2. Ocker als Grundierung auftragen

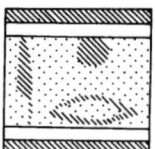 5. Schwarze Striche für Randbegrenzungen

 3. Auftragen zweier weisser Farbstreifen

K3jt

6. Die Verschnürungen der Querleisten des Bodens

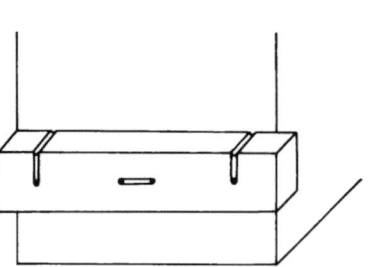

W3ḥ-k3

7. Schnitt

Ḥnnjt

8. Schnitt

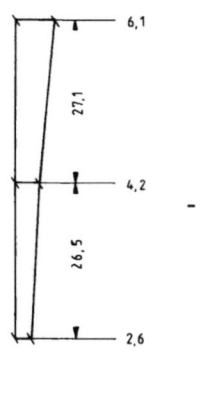
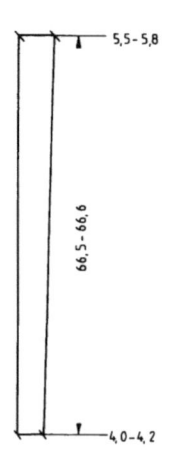

35 Ḥnnjt

OST

36 Ḥnnjt

WEST

NORD

SÜD

37 | Hnnjt

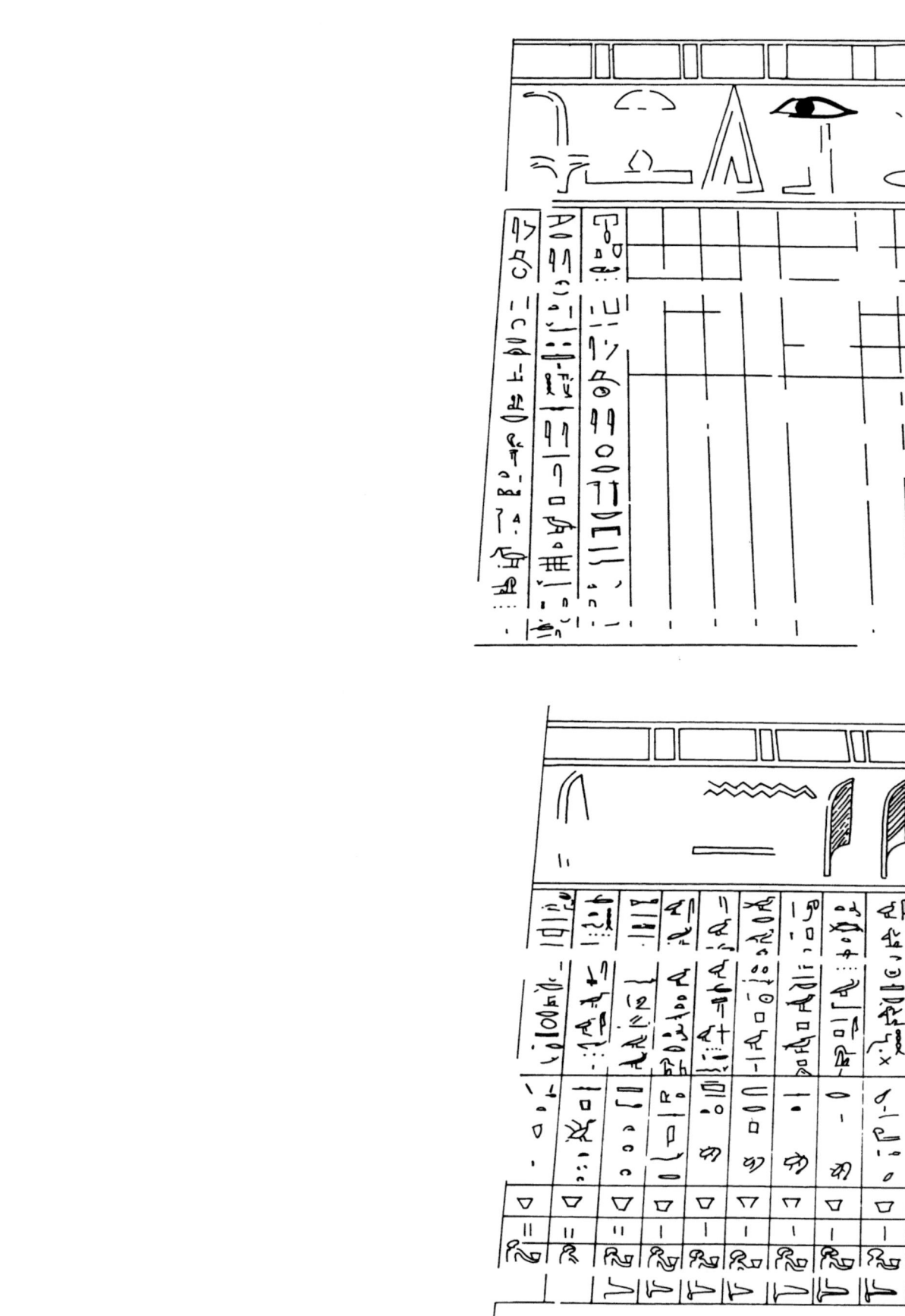

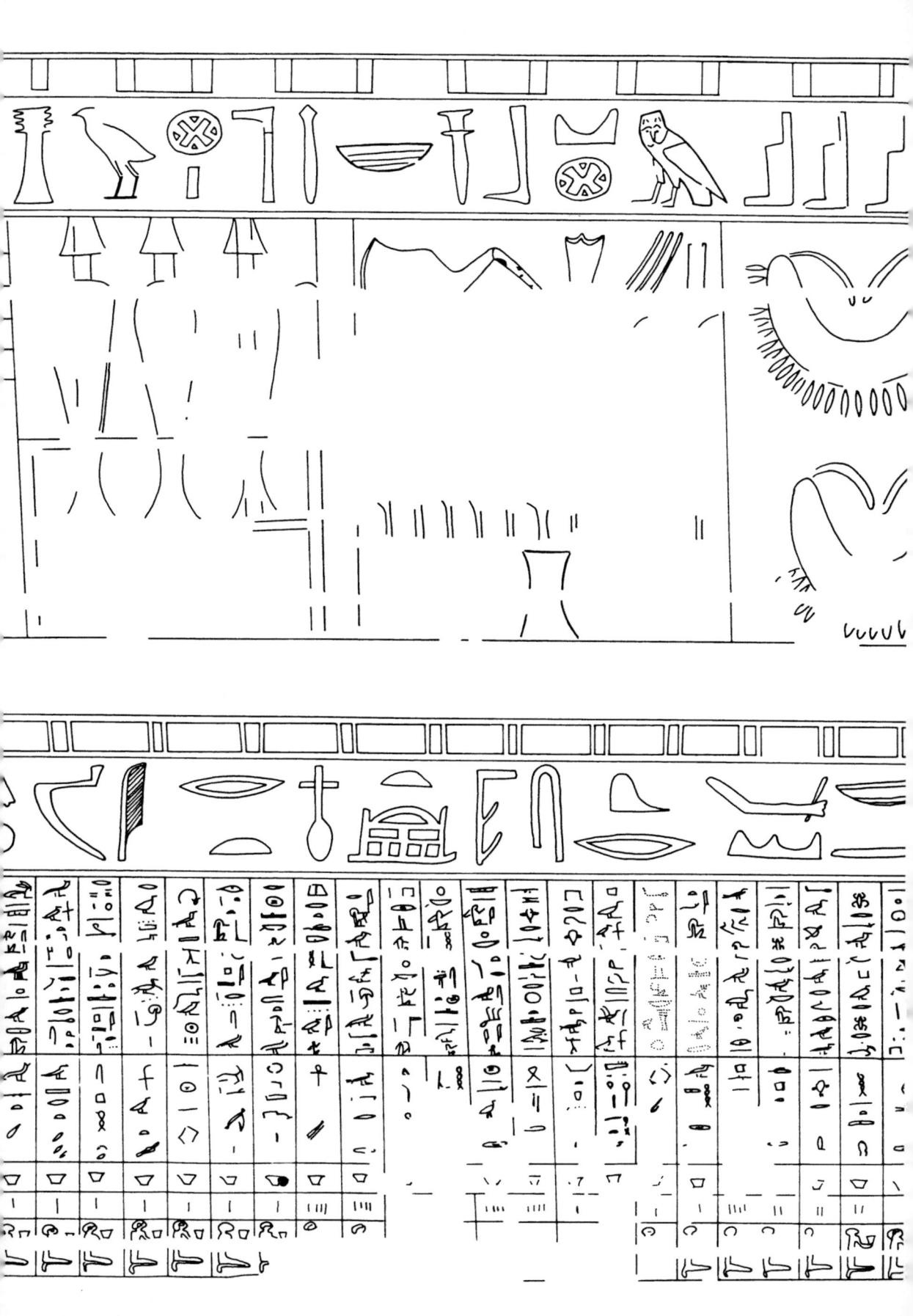

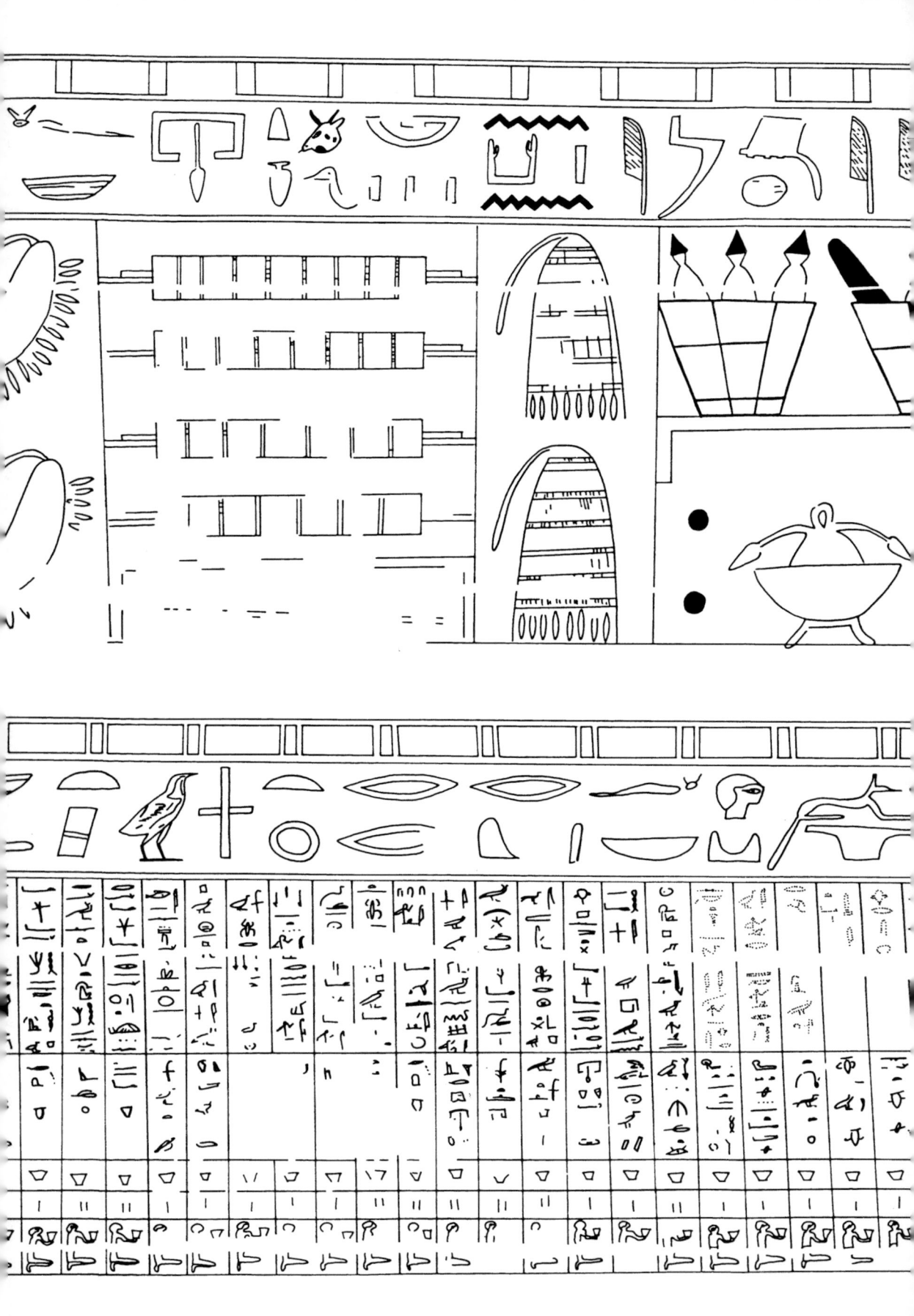

38 Rḥw-r-ꜣw.sn

OST

WEST

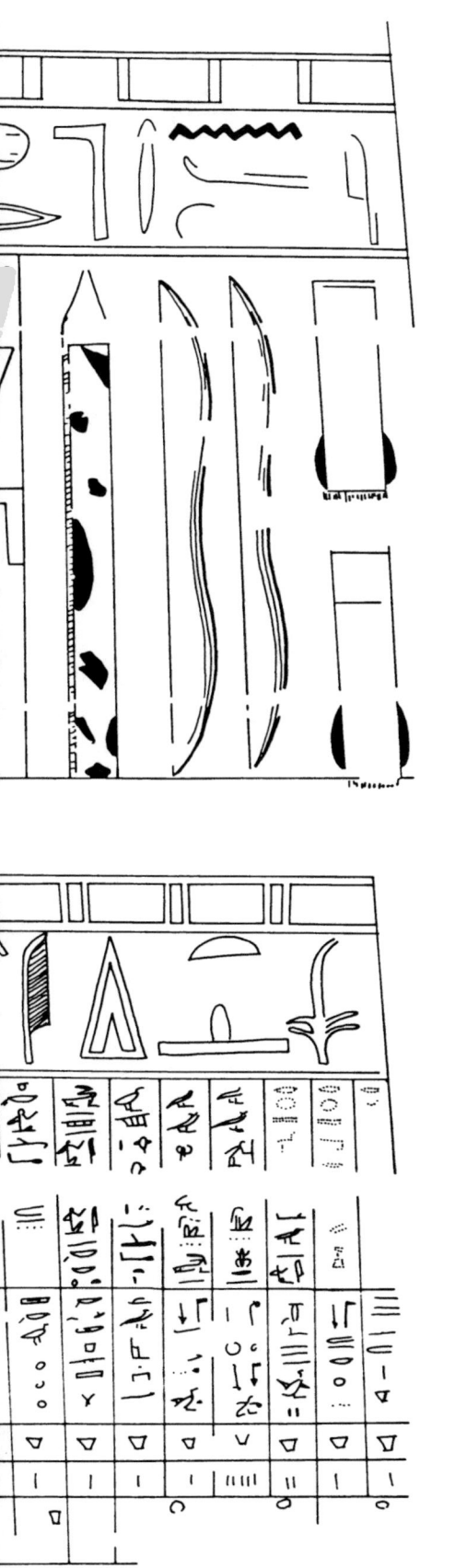

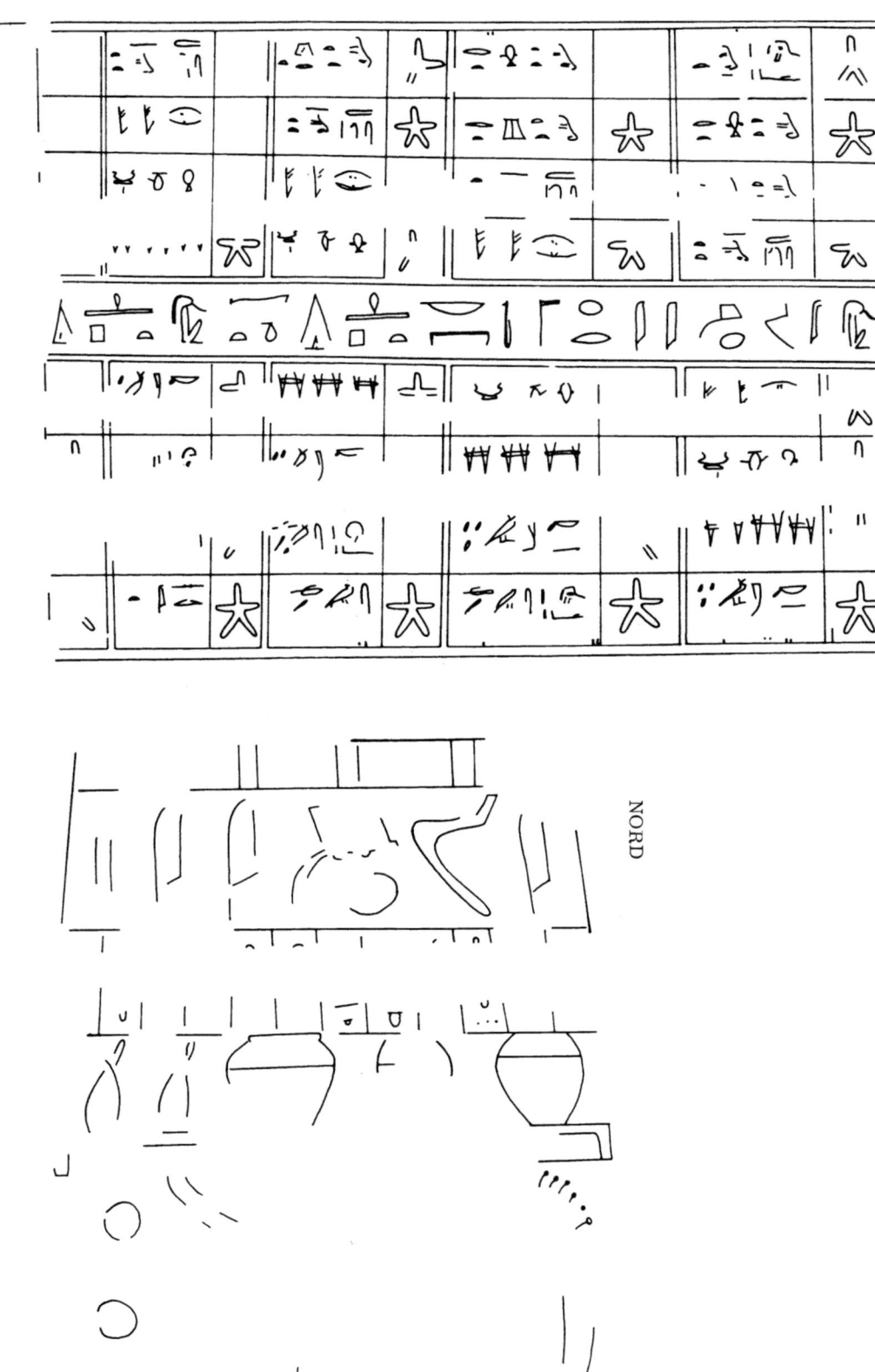

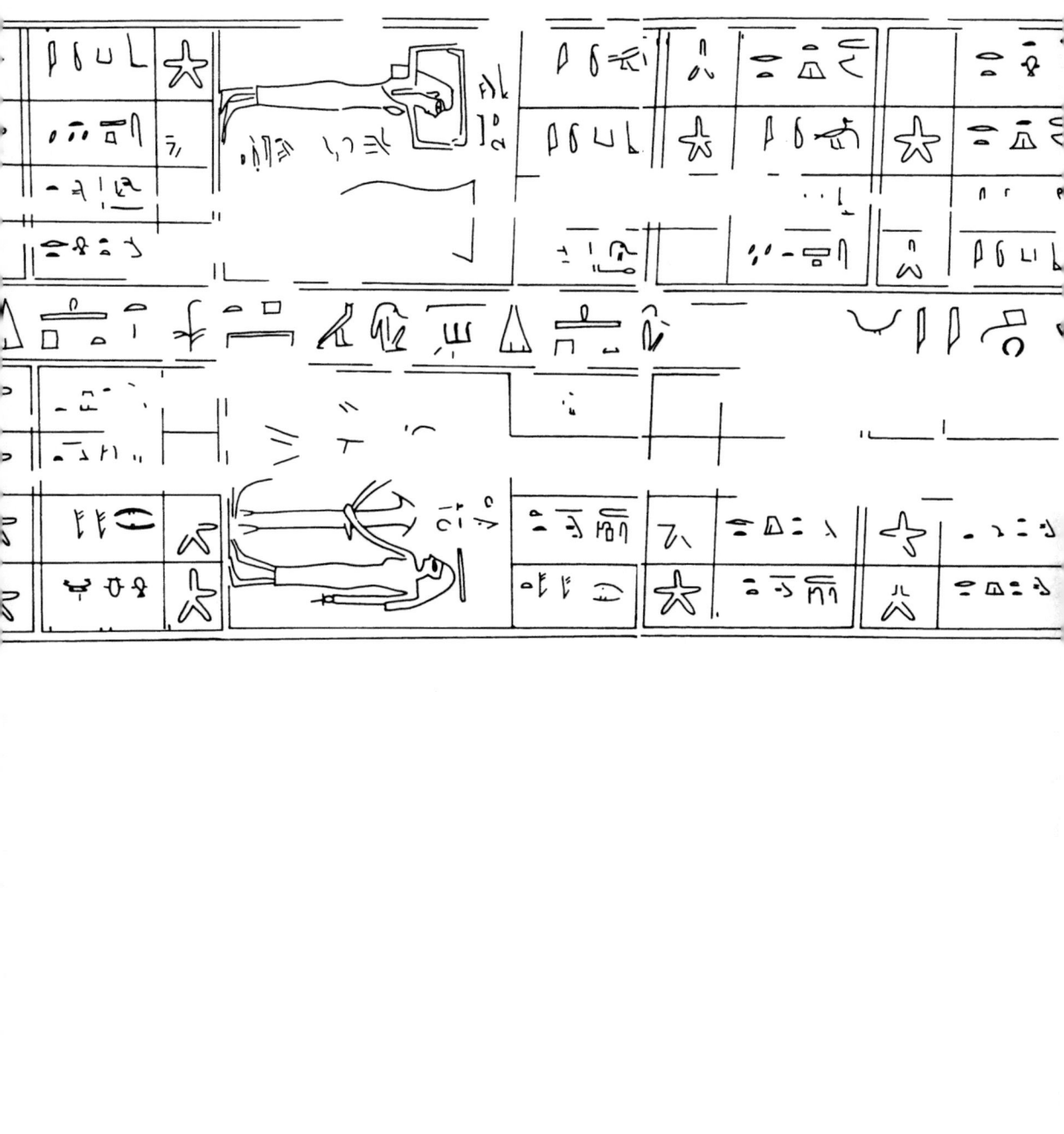

39 Rhw-r-:w.sn

DECKEL

SÜD

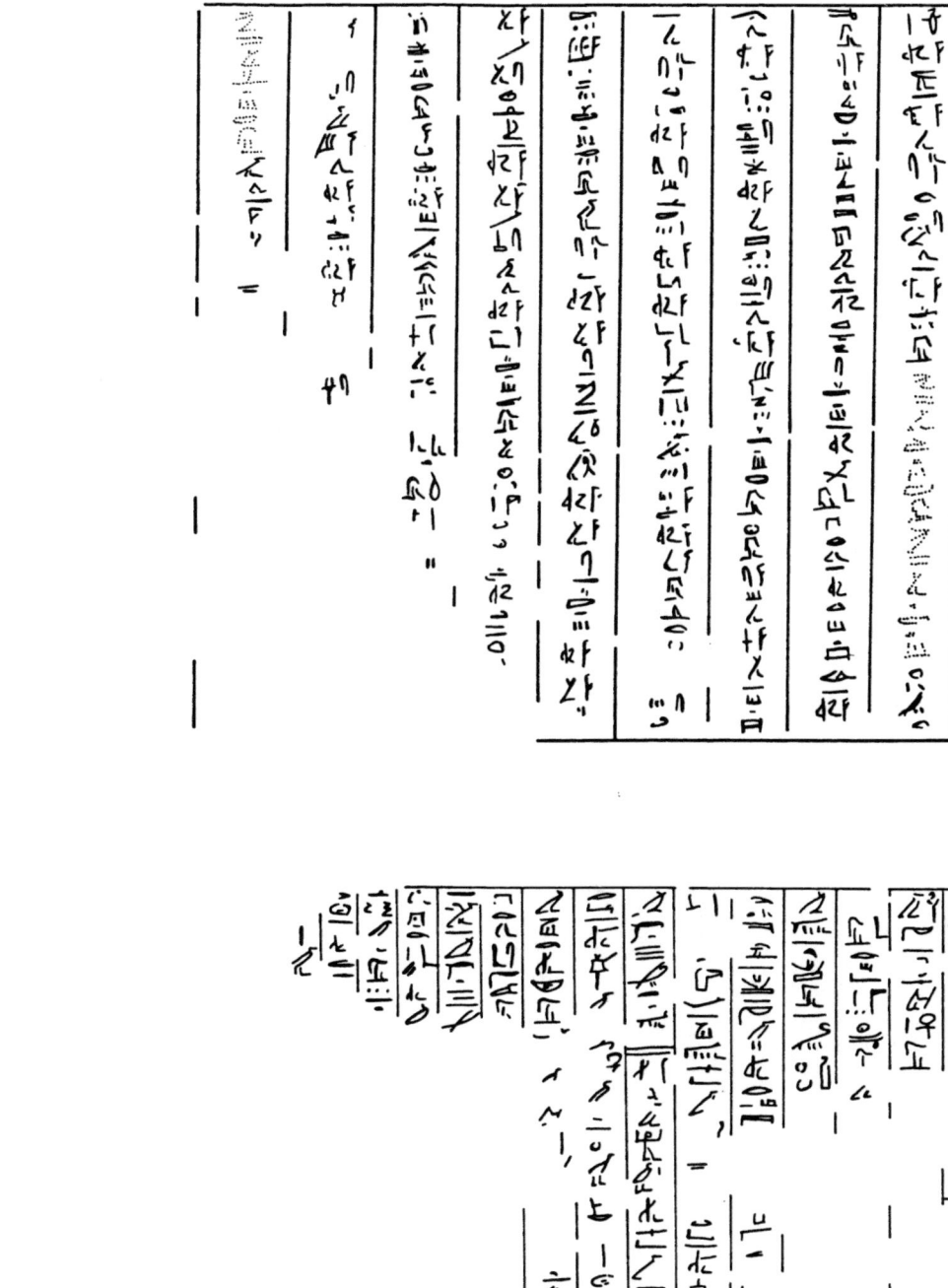

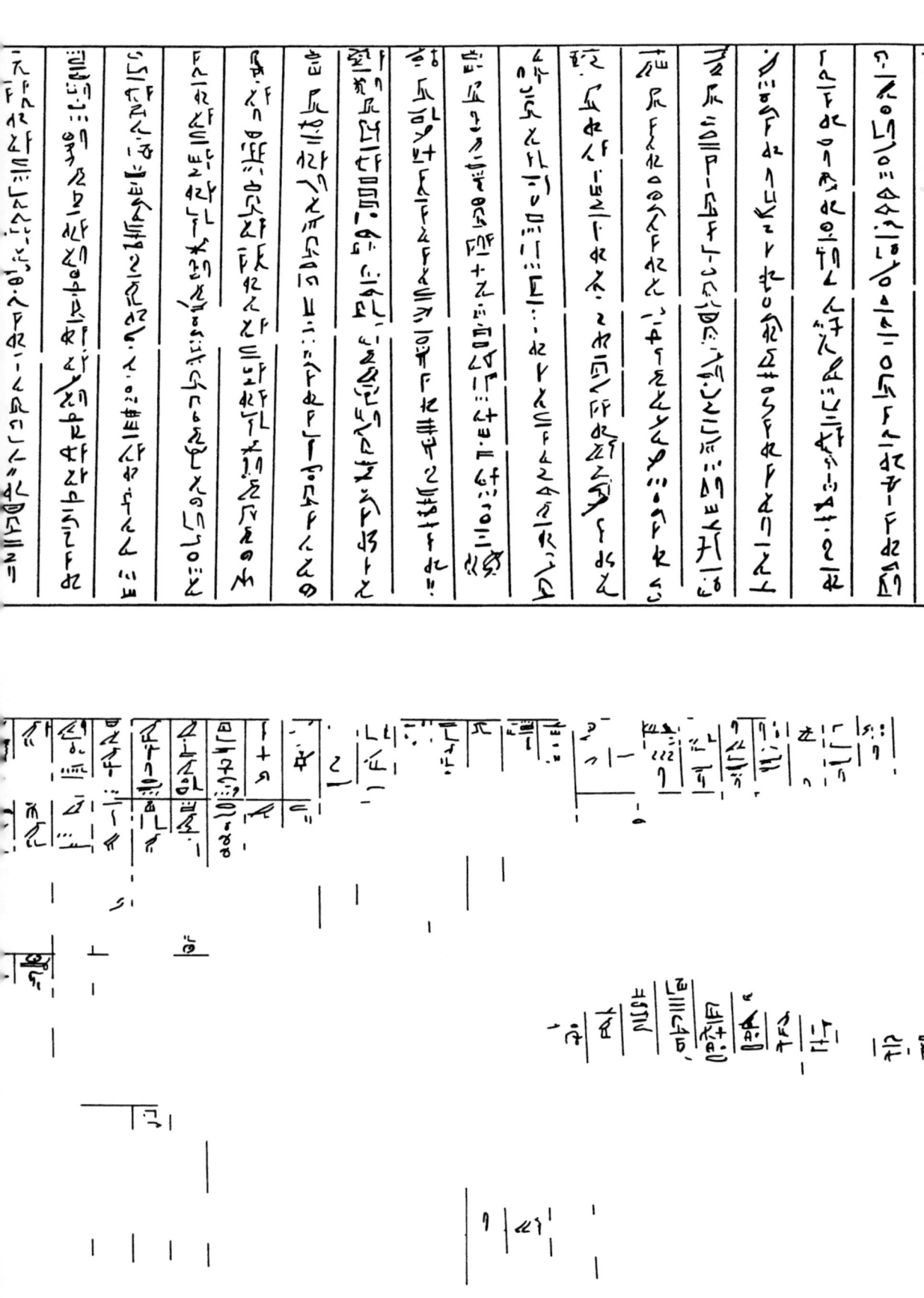

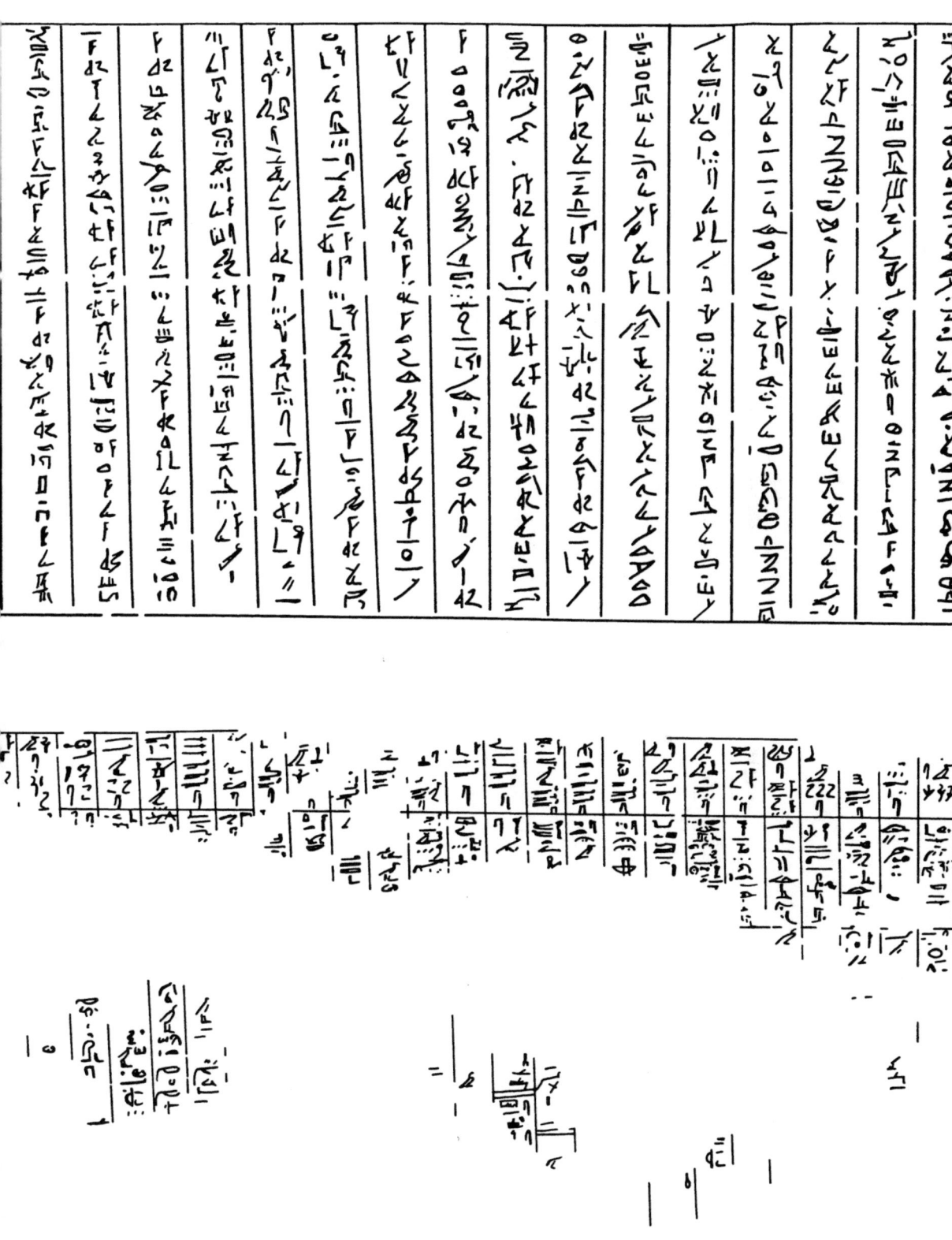

40 SARGBÖDEN

SARGBÖDEN MIT QUERLEISTEN

SARGBÖDEN OHNE QUERLEISTEN